옆에 보물이 있네!

지은이 최인철

열린미래출판사

차례   머리말 ... 20

PART 1   마음을 보는 눈 ... 23

축구 국가 대표선수 이승우 선수
아프리카로 간 해외 봉사를 간 대학생
아내의 마음을 볼 수 없었던 시간
세계 최고의 합창은 노래만 잘 부를까?
늙어도 예뻐 보이고 싶은 게 여자입니다.
구두쇠 아버지? 나는 사랑하는 아버지?

PART 2   사람은 혼자 행복할 수 없다 … 51

아프리카에서 만난 아이들
네가 있기에 내가 있다

슬픔 덕분에 도울 수 있었고,
기쁠 수 있었다

필요 없는 감정은 없고,
필요 없는 사람도 없다

PART 3   마음의 전환 새로운 세상이 ... 65

　　마음을 바꾸면 모든 것이 달라진다

　　나는 퇴근 후 사장이 된다

　　마음의 전환으로
　　절대 고칠 수 없는 이명을 고치다

PART 4　도전하고 배우는 새로운 삶 … 77

귀차니즘에 빠져있지 말고
꿈을 구체화해라

멋지게 창공을 나는 독수리
날지 못하는 독수리

960번의 운전면허 재도전

멘토를 찾고 그를 곁에 두라

PART 5   변화는 작은 것에서 시작된다 ... 87

변화는 작은 것에서 시작
최초의 우주인 유리 가가린
나무를 심는 엄마 이지에팡
우리의 모든 동작이 쿵푸다
짚신 잘 파는 방법 털털털

PART 6   사랑에는 희생이 따른다 ... 103

나는 고기는 좋아하지 않아
아들아 많이 먹거라

부모의 마음을 볼 만한 눈

생일에 축하해 주는
약장수에게 약을 사다

사랑에는 표현이 따른다

이혼보다 더 좋은 것은?

PART 7   행복은 마음에서 시작된다 ... 119

　　술잔 속의 그림자
　　18도의 냉장고에 갇혀 얼어버리다
　　바보와 천재의 차이는?
　　나의 가치 만들기

PART 8   아들에게 선물하고 싶은 것 ... 131

　　　　작은 것에 행복해 하는 아들

　　　　왼쪽으로 핸들을 돌리면
　　　　왼쪽으로 가야한다

　　　　어릴 때 배우면 더 좋은 자제하는 능력

　　　　아이보다 중요한 부모의 역할

　　　　금덩이를 땅에 묻은 어머니

PART 9   행복은 가까이에 있다 ... 147

3일 동안만 볼 수 있다면
구두수선공의 행복한 노랫소리
나 병신 맞아.
그러니까 너희들이 날 도와야 해

PART 10   한계를 넘어가는 마인드 ... 157

인생의 변화를 주는 멘토가 있는가?

누구를 만나는가?
어떤 환경을 만나는가?

온 몸에 암이 퍼진 선생님을
위해서 제자들이 준비한 선물

강풍에도 쓰러지지 않는 나무

내 마음을 알아주는 사람이 생겼으면

PART 11   하루를 사는 의미 있는 삶 ... 179

생명을 구한 원턴의 열차
한국의 쉰들러로 불리는 현봉학 박사
무엇이 불행하게 만드는가?

내가 맞지만 고집하면
불행한 인생을 산다

행복한 인생을 살아가는 간단한 열쇠

이 한 권의 책을 펼치고 읽고 덮는 순간
바로 옆에 있었던 많은 보물들을 찾게 될 것입니다

어린이 인성 캠프를 하면서, 보물찾기 놀이를 한 적이 있다. 너무 쉽게 숨겨 놓았는데도 찾지 못하는 경우를 많이 보았다. 보물을 찾지 못한 아이를 위해서 옆에 가서 보물이라고 적힌 종이를 주변에 슬그머니 떨어뜨려 주었다. 그리고, 아이에게 "옆에 보물이 있네!" 라고 이야기해 주면 해맑게 웃는 아이의 모습이 기억이 난다.

세상에 행복은 멀리 있지 않고 가까이에 있는데, 실제로 알지 못하는 사람들이 많다. 그래서 수많은 보물과 같은 귀중한 것을 담아 갈 수 있게 풀어서 설명해 놓았다. 그리고, 누구든지 마음을 열면 수많은 행복과 가치를 얻을 수 있게 해 놓았다.

제1장 마음을 보는 눈

 이 글을 읽으면서 새로운 눈, 바로 마음의 눈이 새롭게 떠진다면 얼마나 좋을까? 에어컨이 없는 집과 에어컨이 있는 집은 아주 차이가 크다. 냉장고가 있는 집과 없는 집이 차이가 있다. 인생을 살면서 중요한 것들이 아주 많다. 냉장고가 있지만 사용할 줄 모르면 쓸모 없는 것이 되는 것처럼, 우리 마음속에 수많은 좋은 기능들이 숨겨져 있지만, 사용을 할 줄 몰라서 쓸모 없는 사람이 되는 경우를 보게 된다.

　가치 있는 사람이 되어서 나도 행복하지만, 주위에 있는 많은 사람들이 행복하게 된다면 멋진 인생이 되는 것이다. 가시나무는 자랄수록 남에게 상처만 입힐 수 밖에 없지만, 아름드리 나무에는 새들이 찾아오고, 사람들이 쉬게 되고, 많은 사람들에게 행복을 선물해 주는 것이다. 이 한 권의 책을 통해서 여러분의 인생도 가치 있는 인생이 되고, 주변 사람에게도 영향을 미치는 멋진 사람이 된다고 확신한다.

　사람들은 새로 지은 아파트에 들어가기도 하고, 신형 자가용을 사기도 한다. 최신형 핸드폰을 사기도 하죠. 최신형 핸드폰을 사용하다가 오래된 핸드폰을 사용하면 불편해서 살아갈 수가 없다. 이 책을 읽다 보면 없었던 마음의 눈이 새롭게 생길 것입니다. 그러면 예전에 살았던 삶 하고는 정말 비교할 수 없을 정도로 행복하고, 멋진 인생을 살 수가 있는 것이다. 마음의 눈을 뜨고 살아가는 사람과 표면적인 것만 보면서 살아가는 사람은 아주 많은 차이가 있다. 눈을 돈을 주고 살 수 없을 정도로 가치가 크듯이, 마음의 눈이 생긴다면 몇 억을 손에 쥔 것보다 훨씬 더 가치가 큰 것이다.

축구 국가 대표선수 이승우 선수

 축구를 좋아하는 사람은 이승우 선수하면 모르는 사람이 없겠지만, 축구에 대해서 흥미가 없는 사람은 잘 모르실 수도 있을 것이다. 축구 선수 이승우 선수가 어느 날 갑자기 분홍색으로 머리를 염색해서 화제가 된 적이 있다.

 염색한 머리카락이 멋있어 보이는 분들도 계시겠지만, 대부분사람들은 지나가다가 너무 짙은 색으로 염색을 한 모습들을 보면 좋게 보지는 않는 경우들이 많다. 하지만, 튀기 위해 한 것도 아니고 멋 부리기 위해서 한 것도 아닌 이승우 선수가 분홍색으로 염색을 한 이유가 있다고 한다. 처음에 정작 본인은 머리를 염색한 것에 특별한 의미가 없다며 한국에 오면 새로운 기분으로 염색을 한다고 답을 했었다. 그에 따른 팬들과 시청자들의 반응은 '너무 튄다', '멋있다', '건방지다', '자유분방하다' 등 다양한 목소리가 나왔다.

심지어 언론에서도 이승우 선수의 헤어스타일을 두고 돌출행동이라는 지적을 하기도 했고, 팀 스포츠인 축구에서 개인주의가 아니냐고 꼬집어 말하기도 했다고 한다. 심지어 일부 인터넷 언론은 '예의가 없다'면서 인성까지 들먹이며 비판을 했다고 한다. 이런 비난까지 받으며 굳이 빨간 머리를 한 이유는 뭘까?

이승우 선수는 중학교 3학년 때까지 할머니의 손에서 자랐으며, 당시 맞벌이를 했던 부모님을 대신해 축구를 하면서도 할머니에 손에 커서 할머니에 대한 사랑이 각별하다고 한다.

이승우 선수를 보기 위해 여러 번 할머니는 경기장을 찾았지만, 노안과 시력 저하로 쉽게 경기하는 이승우 선수를 찾지 못했다고 한다. 그런 할머니의 이야기를 듣고 할머니가 자신을 쉽게 경기 중에 찾을 수 있게 머리를 염색했다고 한다. 또한 할머니가 분홍색을 좋아하신다고 해서 분홍색으로 염색을 했다고 한다. 그 이야기를 듣기 전에 사람들은 이승우 선수를 안 좋게 생각했었는데, 이승우 선수의 이야기를 듣고 난 후로는 '속이 깊은 선수', '대견스러운 선수'로 인식이 바뀌게 되었다.

이렇듯 많은 사람은 상대의 표면적인 것만 본다 내면에 있는 마음을 볼 수 있는 눈이 없다. 그래서, 행복하게 어울리면서 살아가야 할 사람들과 오해와 불신, 상처로 힘들어 하는 사람들이 많은 것이다. 가족 하고도 마음의 이야기를 하지 않고 살아가는 사람들이 아주 많다.

아프리카로 간 해외 봉사를 간 대학생

아는 한 대학생이 여름에 아프리카로 해외 봉사를

갔었던 체험담을 나에게 들려주었다. 서로 다른 피부색을 가지고 있는 친구들과 통하지 않는 언어 그리고, 더러운 위생환경 등으로 많은 시간을 힘들게 지냈다고 한다. 그런데 몹시 더운 여름날, 혼자 있기도 덥고 짜증나는 밤에 친구들 몇 명이 같이 잠을 자자고 들어왔다고 한다.

심지어는 웃옷을 벗고 자는데, 아프리카 사람들의 특유 냄새가 나서 짜증이 났다고 한다. 웃으면서 놀러 온 친구들을 가라고 할 수도 없어서 자는 내내 불편하게 잠을 자고 일어났는데, 한 친구가 웃으면서 "더운 여름에 모기가 많아서 네가 물릴까 봐, 우리가 대신 물려주려고 이렇게 오게 된 거란다."는 이야기를 들은 해외 봉사를 간 대학생은 마음에서 눈물이 나면서 그 친구들과 아주 가까워지고, 그 후로는 그들의 마음이 보이면서 행복하게 일 년의 아프리카 해외 봉사를 무사히 마치고 귀국을 해서 행복한 인생을 살고 있다고 한다.

처음 방에 들어온 친구들의 마음을 볼만한 눈이 없을 때는 방에 들어와서 옷을 벗고, 같이 잠을 자는 친구들이 불편하고 짜증났지만, 마음의 소리를 듣고, 마음이 느껴지고 난 후로는 친구들의 마음을 보는 눈이 생기면서 아주 가까운 사이가 된 것이다.

아내의 마음을 볼 수 없었던 시간

예전에 나는 신혼 때부터 아내와 많이 다투기가 일상이었다. 아주 작은 것이었지만, 아내와 내 기준이 아주 달랐다. 그날도 아내와 작은 것으로 말다툼을 하면서 싸우게 되었고, 서로 말을 하지 않고, 냉랭하게 시간을 보냈다. 말을 하지 않고 지낸다는 것이 얼마나 답답한지 경험해 본 사람은 알 것이다.

너무 답답하지만, 어디서부터 해결을 해야 할지를 몰랐다. 서로의 마음이 풀어지지 않고, 회사 일로 출장을 가게 되었는데, 같이 일하는 분들이 나에게

"아이들이 아빠 보고 싶을 텐데, 문자도 보내고 전화도 자주하세요"라고 이야기했다. 아내랑 싸우

고 아무런 전화도 문자도 하지 않고 있었는데, 마음을 바꾸고 한 통의 문자를 보냈다.

'여보 잘 지내지?
출장 중에서 잘 지내고 있어. 애들도 보고 싶다.'

하지만, 시간이 지나도 아무런 연락도 문자도 오지 않았다. 아내가 아직도 화가 나 있다고 생각을 하고, 매일 화를 풀게 하려고 문자를 보냈는데, 일주일 동안 아무런 연락이 없는 것이었다. 나는 점점 화가 나서, '역시 이 아내 하고는 살 수가 없겠다. 출장을 마치고 돌아가면 이혼 해야겠다'고 생각을 했다. 그런데 며칠 후 한 통의 문자가 들어왔다. 바로 아내에게 온 문자였다.

"여보 미안해. 핸드폰을 아이들이 가지고 놀면서 암호를 계속 잘못 눌러서 먹통이 되었어. 그래서, 간신히 서비스센터에 가서 고치고 핸드폰을 켰더니 당신 문자가 많이 왔었네. 답장이 늦어서 미안해." 라는 문자였다.

 화가 나 있던 마음은 사라지고, 참 바보 같이 일주일을 보냈다는 마음에 내 자신이 한심스러웠다.

 이 이야기를 많은 분께 이야기 했었다.

 "과연 여러분이라면 아내와 싸우고 출장을 갔을 때, 아무리 문자를 보내도 답장이 없으면 어떻게 하겠어요?" 라는 질문이다.

과연 이 글을 읽는 독자들은 무슨 답변을 하시겠는가?

 아내랑 싸웠고, 답장이 오지 않아서 화가 났었다

 '이혼 해야겠다' '이런 아내 하고는 살지 못해' 라는 생각을 한 내가 한 번도 틀렸다고 생각을 해보지 않았다. 하지만, 다른 사람들이 대답한 답변 중에

'저라면 일주일 동안 문자 답변이 없다면, 전화하던지, 아니면 주변 아는 분들에게 부탁해서 집에 한번 찾아가 보라고 부탁하겠다.' 라는 답변이 90% 이상이었다.

표면적으로는 화가 났지만, 아내의 마음에는 나를 사랑하는 마음이 있었고, 싸운 것 이상으로 나를 걱정해 주는 마음이 있었다. 그 마음을 보는 눈이 생기고 난 후부터 아내의 허물이나 실수가 나에게 아무런 문제가 되지 않았다.

세계 최고의 합창은 노래만 잘 부를까?

내가 아는 합창단이 있다. 세계 최고의 합창단으로 세계 곳곳에서 많은 수상을 했다.

그중 한 소프라노의 독창회가 있었다고 한다. 열심히 연습해서, 최고의 공연을 보여야 할 기회가 왔는데, 목의 상태도 안 좋고, 감기 기운도 있어서 좋은 공연을 할지에 대해서 모든 합창단들이 긴장을 하고, 걱정을 하면서 공연을 시작했다.

합창을 하다가 약간의 템포만 틀려도 모든 기악팀들이 다 틀어지기 때문에 100여 명이 넘는 기악팀과 합창단은 긴장하면서, 함께 공연을 했는데, 이 소프라노가 노래 중에 도저히 참지 못하고, 침을 삼킬 수밖에 없는 상황이었다고 한다. 그런데, 수년간 함께 해온 이 합창 단원 모두가 그것을 알고, 같이 한 템포를 늦추어 주었다고 한다.

세계 최고의 합창단이 된 것은 그냥 노래만 잘 해서가 아니라고 본다. 노래만 잘하는 합창단이 아니라, 서로가 서로에게 힘이 되어주고, 마음을 알아주고, 마음을 느낄 수 있는 합창단이기 때문에 그런 높은 정상 '세계최고의 합창단'까지 오를 수 있다고 본다.

가족, 친구들, 동료들과 이렇게 마음이 흐르고 마

음을 나눌 수 있다면 얼마나 행복할까?

늙어도 예뻐 보이고 싶은 게 여자입니다

예전에 영덕에서 살 때의 이야기이다. 일을 하면서 주말을 이용해서 영덕에 사는 많은 분들에게 좋은 일을 하고 싶은 마음이 일어났다.

고민 고민 중에 어르신들이 돌아가시기 전에 찍는 영정사진을 찍어 드리고 싶었다. 사진관에서 찍으면 비싸게 찍어야 하는데, 무료로 찍어 드리면 좋아하겠다는 마음이 들었고, 사진을 미리 찍어 두면 장수한다고 장수사진으로 많이들 찍으시는 풍경을 보았다.

영정사진하면 좀 우울한 느낌이 있어서 장수사진으로 말을 바꾸었다. 그리고, 읍 사무소에 가서 무료로 사진을 찍어주고 싶다고 관계자에게 이야기하고 신청자를 모집해 달라고 했다.

내 예상에는 다들 좋은 사진관에서 찍으시는 분들이 많아서 많이 안 찍을 것 같았는데, 신청자가 들어왔는데, 600명이 넘었다. 헉!! 이 많은 분들을 어떻게 다 찍어주지? 돈, 시간, 거리 등등 생각이 복잡해졌다. 사진과를 전공을 했지만, 좋은 사진기도 없었어서, 이 참에 큰맘 먹고 사진기를 구입했다. 그리고, 조명을 준비하고, 인터넷에 장수 사진 액자나 비용을 후원해 줄 분을 찾았다.

그리고, 벽에 자원봉사 모집 공고를 붙였다. 다행히 고등학생들이 자원봉사자로 신청을 했고, 봉사자들이 어르신들에게 안마도 해드리고, 화장도 해드리고, 공연도 해드렸다. 또, 마침 어느 동호회 회장님께서 좋은 일을 한다는 소식을 들으시고, 사진 인화하는 비용과 액자를 무료로 지원해 주시기로 했다. 또, 동네 사진관에 가서 영정사진 찍는 방법에 대해서 배우기 시작을 했다.

마을 마을마다 사진을 찍어드리고, 인화하고 코팅하고 액자에 소중히 담아 드리면서, 너무 뿌듯하고 즐겁고 행복한 시간을 주말마다 보냈다. 하지만, 사진 작업을 다하고 기쁜 마음으로 찾아가서 사진을 전달해 주는데 어르신들 표정이 다 안 좋은 것이다.

"아니 젊은이, 내 눈은 이렇게 짝짝이가 아니야."

"아니 내 얼굴에 왜 이렇게 주름살이 많아?"

"아니 내 머리가 왜 이렇게 하얀 거야?"

   바로 거울을 가지고 와서 보여드리고, 사진이 얼마나 정확하게 나왔는지를 설명해 드렸는데, 다들 화를 내시는 것이다.
   너무 힘이 없이 집으로 돌아오면서, 잠시 사진관에 들려 사진작가에게 오늘 있었던 일을 이야기하고 물어보았다.

"작가님, 사진은 사실대로 나와야 하는 것 아닌가요?"
그런데, 작가님은 웃으면서 나에게 말했다.

"어르신도 여자는 여자입니다!!"

그 후로 포토샵을 배워서, 어르신들의 흰머리를 검게 만들어 드리고, 주름도 펴드리고, 검버섯도 없애 드렸다. 심지어는 눈도 크게 해 드리고, 얼굴 대칭도 맞추어 드렸다. 이렇게 해도 되는가? 싶을 정도로 십 년은 젊어 보이도록 해주었다. 그리고, 다시 사진을 가져다 드렸다.

"허허허, 이제 내 사진 나왔네"
하면서 좋아하는 것 아닌가?

처음에는 어르신들이 사진을 받고 난 후에, 싫어하면 화가 많이 났었는데, 그런 어르신들의 마음을 보니까, 어르신들이 좋아 보이고, 이해가 간다. 그렇게 해서 모든 동네를 다니면서, 사진을 찍어 드리고, 행복과 기쁨을 전달해 드리는 좋은 시간을 보냈었다. 지금도 그때만 생각하면 입가에 웃음이 나온다.

마음을 알아주고 볼 수 있는 기능이 생긴다면, 마음을 보는 눈이 띄어 진다면 얼마나 행복할까? 자동차에는 엑셀과 브레이크가 있다. 엑셀로 속도를 마음껏 낼 수 있는 이유는 브레이크가 있기 때문인 것이다. 브레이크가 없으면 자유롭게 자동차 엑셀을 밟을 수가 없는 것이다. 마음속에 자동차 엑셀 같은 욕구만 키우고, 자동차 브레이크 같은 자제력이 마음속에서 작동하지 않는다면 얼마나 위험할까? 집안에 에어컨이 없으면 불편하듯이 마음에도 많은 기능들이 있고, 사용할 수 있는 사람은 더 멋진 인생을 살 수 있는 것이다.

마음을 보는 눈이 있는 사람과 없는 사람, 순간 일어나는 화를 조절할 줄 아는 사람과 없는 사람, 마음에서 일어나는 욕구와 욕망을 절제할 수 있는 힘이 있는 사람과 없는 사람은 인생을 살면서 아주 다른 것이다. 어느 인터넷에서 그림을 보았는데, 그림에 한 남자가 물에 빠져서 손을 드는 장면에 한 사람이 비누를 쥐여주는 모습이 있다. 마음을 모르니까, 살려달라는 것인데, 엉뚱하게 비누를 주는 것이다. 마음을 모르면, 상대의 이야기를 들으려고도 안 하고, 알려고도 하지 않는 것이다.

지금은 많은 사람들이 지식은 쉽게 인터넷을 통해서 습득할 수 있고, 많은 부분에 예전보다 풍요로운 삶을 살아가고 있다. 하지만, 정작 다른 사람의 마음을 이해하고, 나누고 함께하는 문화는 사라져 가고 있는 게 현실이다. 여러분이 이 책을 통해서 마음의 눈과 여러 가지 마음의 기능이 생긴다면 그 가치는 얼마일까? 아마 몇 억을 주어도 바꿀 수 없을 것이다. 그리고, 삶을 살아가는 데 보다 나은 행복한 삶을 살 수 있을 것이다.

필자는 작가이자 열린미래교육연구원 대표이자 강사이다. 강연을 시작하기 전에 "제 강연은 1억의 가치가 있습니다."라고 이야기를 한다. 이 책을 통해서 여러분의 가치를 올려서 다른 사람에게도 좋은 영향을 주는 사람이 되길 바란다. 돈보다 지식보다 더 좋은 것을 주고 나누길 바란다.

구두쇠 아버지? 나는 사랑하는 아버지?

어릴 적에 장래희망 하면 다들 대통령, 선생님, 과학자를 이야기 하곤 했었다. 필자는 어렸을 때, 장래희망이 슈퍼마켓 사장님이 되는 것이었다. 슈퍼마켓 사장님이 되어서 맛있는 과자와 아이스크림을 마음껏 먹는 것이 나의 장래 희망이었다. 그런 장래희망을 고등학생이 되었을 때 우리 아버지께서 이루어 주셨다. 내가 사장이 된 것은 아니지만 아버지가 나 대신 슈퍼마켓 사장이 되어서 너무 행복했다.

'이 많은 과자와 아이스크림을 어떻게 다 먹지?'

'하루에 몇 개씩 먹을까?'를 생각하면 잠이 오지

않았다.

 하루하루 맛있는 과자와 아이스크림, 음료수를 먹으면서, 정말 행복하고 기뻤다. 그런데, 시간이 지나면서 아버지의 표정이 조금씩 변하기 시작하는 것이다. 그러면서 하루는

 "왜 그렇게 많이 먹니?"

 "방금 먹고 또 과자야?"

 "그만 좀 먹어라" 등의 이야기를 들으면서 자유롭게 과자나 음료수 아이스크림을 먹지 못하고 눈치만 보게 되었다.

 그런 아버지에 대한 나의 생각은

 '아버지는 구두쇠야'

 '나를 사랑하지 않아' 하면서 조금씩 마음의 문을 닫기 시작했다. 더 시간이 지나고 나서는 우리 슈퍼에 있는 과자를 건들지도 않았다. 좋았던 행복은 몇

달 만에 사라져 버린 것이다.

"독자 여러분이라면 이런 상황에서 어떻게 하셨을까요?"

 필자는 주머니에 있는 돈을 가지고 다른 슈퍼마켓에 가서 맛있는 과자와 아이스크림을 돈을 주고 사 먹기 시작했다. 그러면서, 아버지하고는 점점 멀어지고, 대화도 점점 사라지게 된 것이다. 나는 이 사건에 대해서 한 번도 내가 잘못했다고 생각해 본 적이 없었다.

"여러분이 생각했을 때는 내가 잘못한 것인가요? 아니면 우리 아버지가 너무한 것일까요?"

 그 후로 10년이라는 시간이 흐르고 나는 인성 강연 전문강사로 자격을 취득하고, 강연 활동을 하기 시작했다. 처음에 인성교육 자격증을 취득하기 위

해서 교수님한테 교육을 받기 시작했다. 내용 중에

"사람은 어떤 상황과 문제를 만나면 피하는 마인드를 가진 사람이 많습니다. 넘고 부딪히는 마인드를 가질 때 행복한 인생을 살수 있습니다."라는 교육을 하셨다.

교육을 들은 후, 집에 오는 차 안에서 다른 강사님들과 교수님이 하신 이야기를 나누면서, 우리 아버지에 대해서 이야기를 했다. 우리 아버지는 구두쇠이고 나를 사랑하지 않는 아버지라면서 이야기를 시작했다. 내 이야기를 다 들은 한 강사님이 나보고

"아버지는 아무 문제가 없는 것입니다. 아버지를 구두쇠라고 하는 강사님이 잘못되고 틀린 것입니다. 아버지가 과자나 아이스크림을 주지 않았을 때 피하지 않고, 사랑하는 아버지에게 더 다가갔더라면 아버지는 더 많은 것을 주셨을 것입니다. 아버지의 사랑을 오해한 것입니다."

한 번도 내가 잘못되었다고 생각해 본 적이 없었다. 오로지 아버지가 나를 사랑하지 않는다고 생각했었는데, 그것이 잘못되었다는 소리를 듣는 순간 혼란스러웠다.

그 후, 추석 명절이 되어서, 우리 가족은 부모님 집에 찾아 뵈었다. 지금도 우리 아버지는 슈퍼마켓을 하고 계신다. 사랑스러운 손주 두 명이 오니 우리 어머니와 아버지는 너무나 좋아하셨다. 추석 명절을 가족과 함께 잘 보내고 헤어지기 전에 우리 아들들에게 가면서 차 안에서 먹게 비닐봉지에 먹을 것을 마음껏 담게 했다. 많이 담았는데도 비닐봉지 하나를 또 주면서 더 담게 했다. 그리고, 할아버지한테

'고맙습니다. 잘 먹겠습니다'고 인사하고 뽀뽀해 주라고 했다. 우리 아들들은 양손에 가득 담은 과자 봉투를 들고 할아버지한테 고맙다고 인사를 했다. 그때 우리 아버지의 입에서

"우리 예쁜 손주들 비닐봉지 하나 더 줄 테니, 더

담거라" 라는 이야기를 하는 것이었다.

　구두쇠라고 생각했고, 나를 사랑하지 않는다고 생각했던 아버지가 아니었다. 아버지의 마음을 피했고, 오해했기 때문에 진정한 아버지를 만날 수 없었던 것이다. 정말로 고등학교 그 시절에 아버지가 그만 좀 먹으라고 했을 때, 피하지 않고, 아버지를 대했더라면 아버지와 더 행복하게 살지 않았을까? 정말 많은 생각을 하게 하는 하루였다.

　그 후로 인성 강연을 하면서 아버지의 이야기를 많이 이야기한다. 그리고 많은 청중에게 "여러분이라면 아버지가 과자를 그만 먹으라고 하는 상황에서 어떻게 했을까요?" 라고 질문을 많이 한다.

"아버지, 종이에 다 적어 놓으세요."

"제가 나중에 커서 다 갚을게요."

"아버지 감사합니다. 사랑해요. 안아 줄 겁니다."

이렇게 이야기 하는 사람들과

"안 먹어요"

"몰래 먹을 겁니다."

"뺏어먹는다" 라고 이야기 하는 사람들이 있다.

강연을 하면서 아버지의 사랑을 만나서 대화하고 다시 행복해진 이야기를 하면 너무 행복하다.

그 후로, 아버지의 마음에 나를 사랑하는 마음이 항상 있다는 것을 알게 되었다. 그 어떤 아버지와 어머니가 자식을 미워할까? 아버지의 표면이 아닌 마음을 보는 눈이 생긴 후로는 아버지와 마음이 아주 많이 가까워지고 흐르게 되었다.

지난 많은 세월 나는 아버지의 사랑과 희생으로 자라고 성장할 수 있었는데, 원망하고 마음만 닫고 지냈던 세월이 너무 아까웠다. 아버지에게 작은 선물이라도 하고 싶다는 마음이 들었다.

우리 아버지의 슈퍼는 작은 구멍가게인데 간판에 전기도 안 들어오고, 밤에는 슈퍼가 있는지 없는지도 손님들이 모르는 경우가 많았다. 아들로서 간판을 교체해 주고 싶다는 마음이 들었는데, 간판비가 꽤 비싸서 엄두를 못 내고 있었다. 부모님께 작은간판을 선물해주고 싶다고 하나님께 기도를 했다.

그런데, 네이버 인터넷 검색 사이트에서 한글날을 기념해서 사연을 보내면 멋있는 한글 간판으로 무료 교체해 준다는 광고가 나와서 사연을 올렸다.

'아버지께서 평생 침대 만드는 일을 하시다가 퇴직 후 연 작은 동네 슈퍼입니다. 열심히 운동도 하시고 즐겁게 장사하시면서 나빴던 건강도 많이 회복하셨습니다. '도원'이 무릉도원, 이상향이라는 뜻인데, 슈퍼 이름과 달리 현실은 참 힘듭니다. 시간이 지나면서 간판 색깔도 변해 보이지도 않고, 불도 안 들어와서 장사를 하는지 안 하는지도 모르더군요. 그저 간판에 불이 들어왔으면 하는 것이 제 유

일한 바람입니다.'

　사연을 올리고 몇 주 후에 네이버 담당자에게서 연락이 왔다. 사연이 당첨이 되어서 간판을 무료로 교체해 줄 수 있게 되었다는 전화였다. 너무 기뻐서 바로 아버지에게 전화를 걸어서 자세한 사항을 이야기했지만, "세상에 공짜가 어디 있느냐?" 면서 아버지는 믿지 않으셨다.

　계속 아버지를 설득해서 결국에는 간판을 교체 할 수 있게 되었다. 모퉁이에 작은 슈퍼이지만, 우리 가족의 행복이 흐르고 마음이 흐르는 슈퍼이다.

　많은 사람들 중에 마음을 보는 눈이 없는 분들이 많다.

'마음을 들을 수 있는 귀'

'마음을 볼 수 있는 눈'

'마음을 이야기할 수 있는 입' 의 기능을 사용할 수 있는 사람은 세상에 몇 억을 가진 사람보다 더 행복할 것이다. 그래서, 나는 한 사람이라도 더 마음을 보는 눈이 생기길 원하면서 나와 같이 아버지와 마음을 닫고 오랜 기간을 지내는 사람이 없게 되길 바라면서 많은 분들에게 강연을 하고 있다.

제2장 사람은 혼자 행복할 수 없다

사람은 혼자가 아니라 같이 어울리면서 행복한 인생을 살게 된다. 공연을 준비했는데, 보는 관객이 한 명도 없다면 어떨까? 멋진 집에서 살기 위해서 집을 설계하고 건축하고 모든 것을 혼자서 하는 것이 아니라, 여러 사람들이 설계, 장판, 도배, 전기 등의 일을 하면서, 하나의 멋진 집이 건축되고, 지낼 수 있게 되는 것이다.

혼자서 자동차 부품을 다 만들고, 모든 것을 알아야 하는 것이 아니라, 자동차를 만드는 사람들 덕분에 자동차를 타고 다닐 수 있는 것이다. 인생은 이렇듯 서로가 서로에게 도움이 되고 서로 돕고 함께 하면서 더 멋진 인생을 살게 되는 것이다.

하지만, 최근 들어 많은 사람들이 사람들과 어울려 살면서도 군중 속에서 고독을 느끼고, 혼자서 지내고, 남들과 어울리지 못하는 현상들이 많이 일어나고 있다. 혼자 밥을 먹는 '혼밥'이 유행하고, 혼자 영화 보는 '혼영' 등 이제는 혼자서 하는 문화가 전혀 낯설지 않는 것이다.

결혼보다는 독신으로 사는 것을 더 원하는 사람들이 늘고 있고, 심지어는 개하고도 결혼하는 사례들이 나오고 있는 것이다. 한 호주의 남자는 개하고 결혼식을 올리고, 정식으로 혼인신고를 했고, 네덜란드의 한 여성도 개와 결혼을 하면서 정식으로 혼인신고를 했다는 기사를 보았다.

그러면 왜 사람이 아닌 동물과 결혼식을 하는 것일까? 사람과의 관계를 가지다 보면 좋은 관계만 이루어지는 것이 아니라, 마음에 상처를 받는 경우도 많기 때문에, 편한 동물들에게 가게 되는 경우가 많은 것이다.

지하철, 집, 거리, 공공장소 어디를 가든지 요즘에는 핸드폰을 보고 있는 사람들이 많이 눈에 보인다. 부부간에도 대화보다는 카카오톡을 사용하고, 서로가 서로에게 대화하고 어울리는 것보다 핸드폰이나 컴퓨터와 익숙한 시대에 살고 있다.

얼마 전에 '비정상회담'이라는 텔레비전 프로를 보았는데, 버스가 오기를 기다리는 많은 사람들이 줄을 서고 있는데, 한 사람과 한 사람의 거리를 3미터 이상 두고 기다리는 것이다. 같이 어울리고, 이야기하는 문화보다는 혼자 있는 것이 어느덧 당연한 것이 되어 버린 시대인 것이다.

아프리카에서 만난 아이들

필자가 아프리카에 인성 강연을 하러 간 적이 있었다. 강연 후에 사파리로 호랑이와 사자를 본다고 차를 타고 가고 있는데, 거리 곳곳에 예쁜 아이들이 많이 놀고 있었다. 차 안에 빵이 있어서 모여 있는 아이들에게 나누어 먹으라고 주었는데, 순식간에 서로 독차지하기 위해서 싸우고, 뺏기 시작하면서, 빵은 거의 먹지 못하고 흙바닥에 떨어져서 흙과 함께 밟히기 시작했다.

사람들은 남을 위할 때 자신도 행복하다는 사실을 잘 모르고 있다. 성경 말씀에도 '주는 것이 받는 것보다 복되다'고 말씀하셨는데, 자신밖에 모르는 이기적인 삶으로 사는 사람들이 많은 것이다.

코트디부아르의 주장을 맡고 있고 첼시에서 전성기를 보낸 '디디에 드로그바'라는 코트디부아르에서 태어난 선수가 있다.

이 선수는 미국 시사 주간 타임지 선정이 되었고, 2010년 세계에서 가장 영향력 있는 100인 중에 10인에 선정되었을 정도로 유명한 선수이다. 하지만, 이 선수는 단순히 축구만 잘해서 유명한 선수가 아니다. 그가 세계적으로 활약하던 당시 드로그바의 조국인 코트디부아르는 내전이 일어나 폐허가 되어가고 있었다. 드로그바는 이런 현실을 늘 안타까워했고, 특히 아이들이 전쟁 속에서 꿈조차 잃어 가는 모습에 답답함을 느끼고 있었다. 그러던 중 전 세계의 축제이자 꿈의 무대인 2006년 독일 월드컵이 열렸지만, 코트디부아르는 나이지리아와 카메룬 등에 밀려 한 번도 월드컵 본선에 진출을 하지 못했었다. 월드컵 본선 진출 이야말로 전쟁으로 지친 국민들에게 힘을 주는 것이라 생각한 드로그바는 '조국을 위해 뛰겠다.'고 대표팀의 주장이 되었다.

조국을 위해 똘똘 뭉친 선수들은 월드컵 본선 마지막 경기였던 수단과의 예선전에서 3:1로 이겼다. 월드컵 본선 최초 진출이라는 실로 놀라운 성과까지 낸다. 월드컵 본선 진출이 확정된 후 드로그바는 인터뷰를 하면서, 카메라를 응시한 후 무릎을 꿇었다. 그리고 이렇게 말했다.

"월드컵 본선이 진행되는 일주일 만 이라도

전쟁을 멈춰주세요"

 이렇게 그는 국제사회에 진심 어린 호소를 했다. 그리고 드로그바는 자선 재단을 설립하고 매년 자신의 연봉을 기부하였다. 그의 행동에 정부군과 반 정부군들이 감동하여 정말로 일주일간 전쟁이 멈추었고, 그의 노력에 힘입어 지난 2007년 정부군과 극적으로 평화 협정을 체결하게 되었다. 그 후, 5년간 지속되었던 코트디부아르의 내전이 그로 인해 그리고 축구대표팀으로 인해서 끝나게 된 것이다

 단순히 축구를 잘해서가 아니라, 나라를 위한 선수이기 때문에 영웅이 될 수 있었던 것이다.

네가 있기에 내가 있다

한 사회학자가 아프리카의 반투족 아이들에게 게임을 제안했다. 딸기를 가득 채운 바구니를 1등으로 도착한 아이에게 주겠다고 한 것이다. 치열하게 경쟁할 줄 알았던 아이들은 미리 약속이라도 한 듯 서로 어깨동무를 하면서 함께 달렸고 함께 결승점에 도달한 것이다. 바구니 앞에 함께 도착한 아이들은 모두 1등을 하였고, 사이좋게 딸기를 나누어 먹었다.

사회학자가 아이들에게 이렇게 질문을 했다.

"1등은 모든 딸기를 혼자 독차지할 수 있는데, 왜 다 같이 어깨동무를 하면서 달렸니?"

"UBUNTU ! UBUNTU !!"

"다른 친구들이 다 슬픈데 어떻게 나만 기쁠 수 있나요?"

"UBUNTU"는 남아프리카 반투족어로

"네가 있기에 내가 있다."는 뜻이다. 혼자가 아닌 함께 만들어 가는 세상, 어울리는 세상, 나누는 세상이 멋진 세상이다. 인생은 절대 혼자 행복할 수가 없는 것이다.

슬픔 덕분에 도울 수 있었고, 기쁠 수 있었다

인사이드 아웃이라는 영화를 본 적이 있다. 라일리라는 여자아이가 태어나면서 마음속에 있는 감정들도 자라고 커가는 내용이다. 주인공 라일리가 태어나면서 마음속에 버럭, 까칠, 기쁨, 소심, 슬픔이라는 감정들도 같이 생기게 되었다. 영화의 주무대는 라일리의 내면에 있는 '감정 컨트롤 본부'이다. 마치 우주선 조종석 같은 그곳에는 다섯 가지 감정을 일으키는 친구들이 있고, 이 다섯 친구 중 누가 조종석 키를 잡느냐에 따라 라일리의 감정도 변하게 된다. 기쁨이가 키를 잡으면 라일 리가 즐겁게 웃고, 버럭이가 키를 잡으면 화를 내는 것이다. 서로는 각자의 색깔이 있어서 기쁨의 구슬은 노랑색, 소심이는 보라색, 까칠이는 녹색, 버럭이는 빨강색, 슬픔이는 파랑색의 구슬을 각자 만들어서 라일리의 마음 안에 차곡히 저장하고 있었다. 각자의 감정들은 맡은 바 역할을 해서 라일리의 일상을 행복하게 해주었다. 소심이는 소심한 만큼 라일리가 위험한 곳에 가면 조심하는 역할을 담당했고, 까칠이는 라일리에게 안 좋은 것이 들어오려고 하면 까칠하고 예민하게 반응하면서 라일리를 도와주었다. 버럭이도 적절히 화를 내면서 라일리의 감정을 조절해 주며, 라일리의 스트레스를 해소시켜 주는 역할을 했다.

 이 영화를 보면서 기쁨이가 활동을 할 때마다 노랑 구슬이 많이 만들어 지는 것을 보면서, 기쁨의 구슬들이 많이 생기면 좋다고 생각했고, 다른 감정들보다 기쁨의 구슬이 더 좋아 보였다. 하지만, 힘들게 기쁨의 구슬을 만들어 놓으면 슬픔이가 와서 손을 데면 힘들게 만든 기쁨의 구슬들이 사라지거나 무너지는 장면을 보았다. 저 슬픔이 좀 없어졌으면 좋겠다는 생각을 하면서 영화를 계속 보았다.

 영화 내용 중에도 기쁨이가 만든 구슬을 슬픔이가 손상시키는 것을 보면서, 기쁨이가 바닥에 원을 그린 다음에 슬픔이를 작은 원안에 가두는 장면이 나온다.

"뭐하는 거야?"

"슬픔의 동그라미야"

"네 일은 모든 슬픔이 이 안에만 있도록 하는 거지"

"그러니까 여기 그냥 서 있으라고?"

"그냥 모든 슬픔이 이 원 안에만 있도록 해. 재미있지 않아?"

　영화의 이 장면을 보면서 많은 생각을 하게 되었다. 기쁨이가 슬픔이를 원 안에 가두고 못나오게 하는 것처럼, '나하고 다른 많은 사람들을 내 마음 안에서 원을 치면서 가두고 있지는 않았을까?'라는 생각을 해보았다.

　'이 사람은 정신이 안 좋아'

　'이 사람은 성격이 안 좋아'

　'이 사람은 나하고 안 맞는 것 같다'는 여러 가지 이유를 대면서, 많은 사람들과 어울리기 보다는 나와 어울릴 수 없는 이유를 대면서 가두고 있지는 않았는가? 라는 생각을 했다.

실제로 슬픔은 이 세상에서 가장 필요한 것이다. 마음에 힘들고 어려운 것이 있을 때, 실컷 울고 나면 해결되는 경우도 많이 있다. 실제로 교도소에 있는 사람들은 남에게 많은 피해를 주었으면서도 양심에 가책을 못 느끼고, 남의 고통을 공감하면서 슬퍼하지 못하는 사람들이 너무나 많다. 슬픔을 느끼지 못하는 사람은 정신병자나 교도소에 갈 확률이 많다고 한다.

이렇듯, 슬픔은 이 세상에서 꼭 필요한 것이다. 우리의 '행복'이라는 것이 '기쁨이'에 의해서만 생기는 것은 아니고 '슬픔이'를 통해서도 가능하다는 것을 영화는 보여준다. 우리 안의 '슬픔이'도 '기쁨이'처럼 소중한 존재라는 것을 이 영화는 알려 주고 있다.

기쁨이가 핵심 기억의 구슬을 보면서, 한 구슬이 슬픔의 색 파랑색도 있으면서 기쁨의 노랑색도 함께 있는 구슬을 보게 된다. 라일리가 하키경기에서 실패한 후 마음이 슬프고, 하키 경기를 관두려고 했다. 그 때, 부모님이 오셔서 라일리를 위로하기 시작했고, 그 위로 덕분에 라일리는 다시 경기를 할 수 있었고, 그 게임에서 승리를 하게 된 것이다. 그러면서 슬픔 덕분에 부모님이 와서 자신을 도울 수 있었고, 그 후에 더 큰 기쁨을 얻을 수 있었다는 것을 알게 되면서, 슬픔이의 소중함을 알게 된다. 처음에는 기쁨의 노랑구슬만을 많이 만들려고 했는데, 슬픔이와 다른 감정들의 소중함을 안 후에는 다섯 가지 색상이 조화되면서 다양한 많은 구슬들이 만들어 지는 것을 영화로 보았다.

그러면서 서로의 존재가 얼마나 소중한 것을 알게 되는 중요한 메시지를 전해주는 영화였다. '슬픔'은 필요 없는 감정이 아니고, 꼭 필요한 감정이었던 것이다.

필요 없는 감정은 없고, 필요 없는 사람도 없다

과일 중에 두리안이라는 열대 과일이 있다. 이 두리안의 별명을 혹시 아시나요?

'지옥의 향기, 천국의 맛'이라는 별명을 가지고 있는 이 과일은 처음에 접했을 때는 아주 안 좋은 배설물 냄새가 나면서, 과일의 맛이 하나도 느껴지지 않는 과일이다. 하지만, 이 과일을 한 번, 두 번, 세 번 접하다 보면 향기는 사라지고, 어느 덧 이 과일이 가지고 있는 아주 맛있는 맛이 느껴지는 과일이다.

　그래서, 이 과일을 맛본 사람은 절대 이 과일을 잊을 수 없는 것이다. 사람에게도 각자의 성격과 특성이 있다. 어떤 사람은 가시 같은 성격을 지니고 있어서, 다가서면 상처를 주는 사람이 있고, 어떤 사람은 벽 같은 성격을 가지고 있어서, 말을 해도 다가서도 아무런 반응이 없는 사람이 있다. 어떤 사람은 쿠션 같이 편안해서 만나면 만날수록 계속 편안한 사람이 있는 것이다. 여러분은 어떤 사람이 좋은가요?

　거의 모든 사람들이 쿠션처럼 편안한 사람을 좋아한다. 또 그런 사람을 곁에 두고 싶어 하고, 자신과 맞는 성격을 가진 사람들에게 더 다가서곤 한다. 하지만, 그렇게 되면 인간관계가 아주 적어지게 되는 것이다. 가시 같은 성격을 가진 사람이던 벽 같은 성격을 가진 사람이든 계속 다가서면 그 사람만의 맛이 있는 것이다. 그러면 그 사람을 잊을 수 없는 것이다.

제3장 마음의 전환 새로운 세상이

 관점만 바꾸었는데도 새로운 세상이 열리는 경우가 많다. 징그러운 벌레 중에 흔히 말하는 돈 벌레가 있다. 일명 '그리마'라는 벌레이다. 사람들은 이 벌레가 징그러 나오기만 하면 발로 밟아 버리기 일상이다. 하지만, 이 벌레는 사람에게 아주 유익하게 바퀴벌레나 해로운 벌레를 잡아먹는 일을 하는 것이다.

 주변에 청소를 하시는 청소부들이 많이 보인다. 새벽

6시에 출근하기 위해서 새벽 4시부터 일어나서 나오신다고 한다. 월급도 많지 않고 힘이 많이 들 것 같은데, 나이가 많아도 일할 수 있다고 하시면서 행복해 하시는 모습을 본다.

똑같이 청소를 해도 힘들게 인상을 쓰면서 하는 사람도 있고, 보람되게 일을 하는 사람도 있는 것이다. 똑같은 일인데, 사람의 마음에 따라 관점에 따라서 힘든 일이 될 수도 있고, 행복한 일이 될 수도 있는 것이다.

마음을 바꾸면 모든 것이 달라진다

인성교육을 하면서 많은 사람들을 만났다. 처음에는 인성교육을 할 곳이 없어서 명함을 들고 다니면서 사람들을 만나서 이야기를 나누었다. 목적을 두고 사람을 만나면 가까워지지 않기 때문에 만나서 여러 가지 이야기를 하면서 친해지려고 노력했다. 그러다 한 경찰서 관계자를 만나게 되었다. 이야기를 나누던 중에 경찰서 관계자가 인성교육에 호감을 가지고, 강연 요청을 했다.

우리 단체 회원들이 모두 같이 가서 강연도 하고, 레크레이션도 하면서 즐거운 시간을 보냈다. 우리가 하는 프로그램을 보고 관계자는 지역 전체의 인성교육을 요청했다. 그 후, 바쁘게 다니면서 인성교육을 했고, 경찰청장 표창장도 받게 되었다.

　그 후, 교도소, 학교, 관공서 많은 곳에 강연을 할 수 있게 되었다. 군부대에도 강연을 하고 싶어서 무조건 차를 타고 가서 담당자를 만나기까지 한 달이 걸렸다. 간신히 담당자를 만나서 제안서와 프로필을 보냈는데, 감사하게도 신병교육을 매달 16시간 할 수 있는 기회가 생겼고, 신병 인성교육을 하는 것을 본 다른 그린캠프 (관심사병)담당자가 강연과 프로그램을 좋게 보고, 매달 우리에게 인성교육을 맡겼다. 군부대에서 강연을 하면서 많은 군인들이 군대는 시간낭비라고 하고, 시간이 빨리 흘러가기만을 기다리는 군인들이 많은 것을 보았다. 생각과 마음만 바꾸면 군대는 정말 자신을 성장 시킬 수 있는 좋은 기회가 되는 곳인데, 청춘을 썩히는 시기라고 생각한다. 좋은 인간관계도 형성할 수 있고, 새로운 것을 배울 수도 있고, 나중에 많은 사람들과 군대의 좋은 추억을 나눌 수 있는 곳이 될 수 있는 것이다. 좋게 생각하면 나의 미래를 설계하고 준비하는 멋진 곳이 될 수 있고, 안 좋게 생각하면 시간낭비 하는 곳인 것이다. 내 인생의 마이너스가 아니라 업그레이드되는 좋은 기회가 되는 곳인데, 잘못된 마음으로 불행하게 군 생활을 하는 사람도 있는 것이다.

나는 회사원이면서 행복한 CEO이다

   인성 강사로 계속 활동하다가 수도권으로 이사하는 바람에 계속 하던 인성교육 멤버들과 헤어지게 되었고, 혼자서 인성 강연을 하기가 힘들어서 회사에 들어갔다. 회사에서 일하면서도 다시 강연 활동을 할 수 있도록 준비하는 일을 했다.

   회사를 다니면서 틈틈이 준비를 했다. 다양한 사람들과 인터넷으로 통해서 교류하고 네트워크를 형성하면서 다양한 교육을 배우게 되고, 아주 짧은 몇 개월 동안 정말 많은 것을 배우고 알 수 있는 기회가 생겼다. 예전에는 내가 가진 인성 교육만 사람들에게 가르쳐 주려고 했는데, 다른 사람들과 대화를 나누고 소통을 하면서, 내가 가진 정보나 지식을 나누고 상대방이 가진 정보 등을 얻을 수 있었다.

보드게임을 하시는 분을 만나서 알게 되면서, 보드게임에 대해서 배우게 되었고, 핸드폰에 빠진 청소년들이나 심심하게 경로당에서 시간을 보내시는 분들에게 좋은 보드게임으로 교육을 할 수 있게 되었다. 그리고, 기업에 가서 강연할 수 있는 스트레스 예방교육, 4대 법정의무교육, 신입사원 교육 등도 다 배우게 되었고, 강사로 본인의 저서로 인해 아주 좋은 기회들이 많이 생기기에 책쓰기와 책 출판에 대해서도 배우고 알게 되고, 열린미래 출판사도 시작 하게 되었다. 그래서 사람들에게 코칭 및 교육도 해주면서 많은 도움을 주고 있다. 그리고, 아무리 강연을 하더라도 홍보가 중요하기 때문에 홍보 마케팅에 대해서도 배우고 익히게 되었다. 정말 짧은 시간인데, 그냥 마음만 열고, 상대방의 이야기를 듣고 마음으로 대해 주었을 뿐인데, 십년 넘게 준비해야 할 일들이 단 몇 달 만에 이루어 졌다. 강연도 인성 강연만 했었는데, 30여 가지의 전문 강연을 전국적으로 실시할 수 있게 되었다.

회사 일을 하면서는 집에서는 쉬어야 한다는 생각을

하는 사람들이 있고, 하루를 무료하게 보내는 사람들이 많은데, 관점만 바꾸면 회사를 다니면서 얼마든지 자기개발을 할 수 있는 좋은 곳이 되는 것이다. 꼬박꼬박 월급이 나오기 때문에 자기 개발을 하면서도 생활이 되니 일석이조인 것이다

회사를 다니면서 출근하는 괴로움이 아니라, 내일을 꿈꾸면서 잠이 들고, 하루를 시작되는 기대감에 눈을 뜬다는 것은 너무나 행복한 것 같다. 무엇보다 내가 좋아하는 일을 한다는 것이 좋다.

회사 일을 하면서는 다른 일을 할 수 없다는 관념과 생각만 바꾸어도 더 멋진 하루하루를 살아가게 되는 것이다.

마음의 전환으로 절대 고칠 수 없는 이명을 고치다

아버지께서 예전에 다니시던 회사에서 나무를 전기톱으로 자르는 일을 하셨다고 한다. 심한 소음으로 인해서, 귀에서 소리가 들리기 시작했고, 귀뚜라미 같은 소리가 24시간 내내 귀에서 들리기에 아버지는 너무

힘들어 하셨다. 병원에서는 이명이라는 진단이 나왔다.

아버지 이명 치료를 위해서 한약을 드시게 하고, 이명전문의를 찾아가서 진료도 받았지만, 효과가 전혀 없었다. 그러면서 아버지는 스트레스를 많이 받으시면서, 머리두피도 약해지는 증상이 나타나면서 피가 나기 시작했고, 너무 가려운 나머지 피부과 약을 계속 드셔 야만 했다. 그런데, 피부과 약이 독해서 그런지 아버지의 소화계통에도 문제가 생기면서 몸이 만신창이가 되어 버리셨다. 그렇게 힘들게 지내시는 아버지를 보면서 너무 안타깝지만, 아들로서 해 드릴 수 있는 것은 아무것도 없었다.

강연활동을 하면서 느끼게 된 것이 많은 분들이 건강에 관심이 많다는 것을 알게 되었다. 그러면서 건강 강연에 대해서 준비를 했다. 많은 분들이 건강이 안 좋은 것도 있지만, 마음이 약할 때 병이 쉽게 찾아오고, 쉽게 악화되는 현상을 많이 보게 되었다. 성경말씀에도 사람의 심령은 그의 병을 능히 이기려니와 심령이 상하면 그것을 누가 일으키겠느냐는 말씀이 있다. 실제 병으로 찾아 오는 문제보다는 마음의 절망에서 찾아오는 병이 더 많은 것을 알게 되었다.

많은 분들에게 마음을 행복하게 하는 강연을 한 후에 실제 많은 환자들이 병에서 해방 받아서 행복하게 사는 모습들을 보게 되었다. 단순히 마음만 바꾸는 강연을 했을 뿐인데 말이다.

아버지에게도 병하고 싸우는 것이 아닌 새로운 행복과 기쁨을 맛보게 해드렸다. 내가 다니는 교회도 함께 가고, 많은 사람들과 이야기를 나누고 사귐을 가지면서 병 말고 다른 즐거움을 찾게 도와 드렸다. 병 때문에 집에만 있으셨는데, 등산도 매일 운동 삼아 가시기 시작했다. 그 후, 아버지는 놀라울 정도로 몸이 회복되어 가셨다.

'하나님의 은혜 덕분에 행복하게 산다.'는 이야기를 자주 하시기 시작하시고, 무엇보다도 마음의 행복을 찾으셨다. 하루는 아버지가 등산 중에 평행봉을 하시는데, 한번에 15번을 넘게 하시는 것이었다. 몸도 마음도 회복되어 가시는 모습이 너무 보기 좋았다.

"아버지, 이제 귀에서 소리가 안 나세요?"

"하나님의 은혜로 남들은 가을에만 들을 수 있는 귀

뚜라미 소리를 사계절 24시간 내내 들을 수 있다는 것이 감사하다. 그것도 한 마리가 아닌 두 마리나 말이다"

  나는 아버지에게 아무것도 해준 것이 없다. 그냥 아버지의 마음이 병을 치료해야 한다는 생각에만 갇혀 있다가 벗어나니 놀랍게 행복한 인생을 살고 있는 것이다. 나는 인성 강연을 하면서, 많은 강연들이 강연을 들은 후에 집에 가서 강연에서 배운 데로 하려고 노력하다가 실패하고 좌절하는 모습들을 많이 보았다. 그래서 나의 강연은 그냥 편안하게 듣다 보면 내가 가진 생각 말고, 다른 생각이 들어와서 더 행복한 인생을 살게 강연을 하고 있다.

  콜라 캔이 뚜껑이 열리지 않은 채 바다에 아무리 오래 있어도 그 병에 내용물은 변화되지 않는다. 하지만, 작은 구멍이 뚫리면 바닷물로 인해 콜라 속 내용물은 사라지는 것이다. 작은 마음만 열고 다른 사람의 이야기를 경청만 해도 나에게 없는 새로운 마음이 흘러 들어오는 것을 경험하게 될 것이다.

  그래서 나의 교육원 상호는 열린미래 교육연구원이다. 나를 만나고 교육원을 만나서 강연을 듣다 보면 나에게 없는 새로운 마음이 들어가서 미래가 아름답게 열린다는 의미이다. 독자 분들도 이 책을 통해서 필자하고도 교류할 수 있는 좋은 기회가 되길 바란다.

제4장 도전하고 배우는 새로운 삶

요즘에는 '귀차니즘'이라는 말이 유행이다. 움직이기 싫어하고, 생각하기 싫어하고, 도전하기 싫어한다. 인터넷에서 '귀차니즘'에 대해서 찾아보았는데, 1층 창문 밖으로 떨어진 옷을 줍기 위해서 청소기를 길게 늘어뜨려서 진공으로 빨아당기는 장면이 나오는가 하면, 음료수를 손 데고 마시기 귀찮아서 빨대를 길게 이어서 먹는 장면 등 별 희한한 장면들이 많이 나왔다.

아버지와 아들이 누워서 텔레비전을 보면서 채널을 바꾸고 싶은데 말하기 귀찮아서, 아버지에게 카카오톡으로 리모콘을 달라고 하는 사진 등이 올라온 것을 보았다. 점점 사람들이 무기력하고 삶에 재미를 못 느끼고, 그냥 하루하루를 사는 분들을 주변에서 종종 보게 된다.

귀차니즘에 빠져있지 말고 꿈을 구체화해라

"꿈이 없어요."

"뭘 해야 될지 모르겠어요"

"하고 싶은 게 없어요"

많은 사람들이 이야기 하는 내용이다.

꿈이 없는 사람들 중에 세상에 무엇이 있는지를 모르는 사람들이 많다. 한 음식점에 가서, 먹을 것이 없다고 하는 사람은 많지만, 뷔페에 가서 먹을 것이 없다고 하는 사람들은 거의 없다.

세상에 나가보면 좋은 일, 재미있는 일, 할 수 있는 일이 너무너무 많은 것이다.

그중에 1%도 모르고 살아가는 사람들이 많다. 집과 회사 내 주변의 인맥들과만 관계를 맺어 가는 경우가 많다. 다양한 경험을 해보지도 않고 보지도 않았기 때문에 밑그림도 그릴 수 없는 경우가 많은 것이다. 다양한 경험, 다양한 인맥, 영화, 책, 봉사 활동, 다양한 취미생활 등이 많은 도움이 된다.

인생의 가장 필요한 것은 상대에게 나하고 다른 것에 대해서도 마음을 여는 것이다.

자신에게만 관심 있는 것에만 들으려 하는 사람이 많다. 강사를 하면서 마음을 열고 다양한 사람들을 만나고, 이야기를 들으면서 정말 많은 경험과, 새로운 세계들을 접하고 있습니다.

  인생을 살면서 처음에는 거창한 장래희망을 그리게 된다. 대통령, 선생님, 과학자, 의사 등등을 꿈꾸면서 살아간다. 하지만 살면서 현실을 직시하면서, 장래희망도 작아지는 경우가 많다. 나는 꿈과 진로에 대한 강연을 하면서 먼 장래희망을 계획하고 준비하는 것도 중요하지만, 지금, 그리고, 일 년간 하고 싶고, 이루어 졌으면 좋겠다는 것을 구체화 시키는 것이 중요하다고 강연한다. 일년 동안 하고 싶은 것과 이루어 졌으면 좋겠다는 것을 종이에 열 가지 정도 적어서 그것을 벽에 붙이고, 남들에게 이야기만 해도 이루어진다고 한다. 구체적으로 쓸수록 현실화 되는 것을 보게 된다. 모든 건축물이 지어 지기 전에 설계도가 있는 것처럼, 마음의 구체적인 계획과 꿈이 있는 사람이 현실이 되는 경우가 많은 것이다.

멋지게 창공을 나는 독수리 날지 못하는 독수리

　성경말씀에 어미 독수리가 새끼 독수리에게 나는 법을 가르치는 이야기를 들었다. 어미독수리는 새끼독수리가 태어나면 가시가 있는 나뭇가지를 밑에 깔고, 그 위에 푹신푹신한 솜을 위에다가 수북히 깔아 가시에 찔리지 않게 한다고 한다. 그러다 어느 날, 나는 법을 배워야 할 시기가 되면 둥지를 사정없이 흩어 가시에 찔리게 하면서, 둥지 밖으로 나오게 한다. 그 후, 어미 등에 올라간 새끼 독수리를 창공에서 떨어뜨리고, 받고를 반복하면서 힘차게 날개 짓 하는 법을 가르친다고 한다. 나는 법을 배우는 것은 힘들지만, 그 시기에 나는 법을 배우지 않고 피하면 평생에 멋진 날개 짓 조차 못하고 뒤뚱뒤뚱 걸어 다닐 수밖에 없는 것이다.

　배우고 도전 할 때는 포기하고 싶을 때도 있고, 피하고 싶을 때도 있다. 하지만, 성공이 목적이 아닌, 배우고 도전하면서 살아가는 하루하루가 더 멋진 일이 아닐까?

960번의 운전면허 재도전

　자동차 운전면허증을 취득하기 위해서 960번을 도전한 할머니가 있다. 면허증을 따기 위해서 들인 돈만 인지대 500만원 운전학원 왕복 교통비, 식비 등 2000만원이라고 한다. 운전면허증 하나 따기 위해서 거의 3000만원의 돈을 쓴 것이다. 바보 같은 생활을 했다고 할 수도 있다. 하지만, 난 이분에게 아낌없는 박수를 보낸다. 그 후, 이분은 현대 자동차의 모델이 되었고, 자동차도 선물 받았다고 한다.

　앞으로 나아가는 삶은 잃는 것보다 얻는 것이 더 많다고 본다. 나도 강연을 하면서, 나의 강연만 했지만, 지금은 전국에 있는 수많은 강사들과 교류하면서 내가 모르는 분야를 계속 배우고 있다. 힘들고, 어렵지만, 배우고 익히는 삶 자체가 나에게 살아가는 원동력을 주는 것이다.

　피하고 부딪히지 않으면 얻는 것도 없다. 하지만, 도전하고 앞으로 나아가다 보면 더 새로운 인생이 펼쳐지는 것을 보게 된다. 연예인이나 유명한 사람 중에도 한 순간에 스타의 자리에 앉지만, 인기가 하락될 것 같은 두려움에 피하거나 숨는 경우가 많이 있다. 그 중에 윤시윤이라는 연예인이 제빵왕 김탁구로 유명해 졌지만, 인기가 떨어질 것 같은 두려움으로 군대로 숨다가 지금은 삶의 오르막도 있고 내리막도 있겠지만, 피하지 않고, 도전하면서 살겠다고 강연하는 장면을 보았다.

멘토를 찾고 그를 곁에 두라

인생에 우리는 힘들고 어렵고 부담스러운 일들을 많이 만나게 된다. 그 때, 나를 지지해 주고, 응원해 주고, 함께 해주는 이들이 많다면 얼마나 행복할까? 사람은 마음만 열고 사람을 대한다면 정말 많은 네트워크와 인맥이 형성되는 것을 보게 된다.

필자는 강연을 하면서, 마음을 열고 사람을 대하고, 상대방의 행복을 위해서 도와주고 함께 했다. 그런데, 정말 많은 사람들이 나와 같이 일하는 사람들이 되어서, 전국뿐만이 아니라, 전 세계에 마음을 나누고 교류할 수 있는 사람들이 아주 많게 되었다.

　인생에서 부담을 넘을 때 피하지 말고, 함께 하고, 도와주는 사람과 멘토를 주변에 많이 두기를 바란다. 없으면 찾고 찾으면 내가 손해를 보아도 그 사람에게 마음으로 대한다면 나에게 둘도 없는 멘토가 될 것이다.

　나에게도 좋은 멘토가 주변에 많다. 내 생각을 전환시켜 주고, 좋은 길로 이끌어 주는 분들이다. 하루는 다문화 행사를 하면서, 사람들을 많이 초청하고, 외국인들을 위해서 음식을 많이 준비했다. 식사 후에 준비된 음식이 생각보다 많이 남아서 속상해 하고 있었는데, 멘토가 다가와서 물었다.

　"음식이 부족하지 않았어요?"

　"음식이 많이 남아서 걱정이네요."

　"참 다행이네요. 부족하지 않아서요."

　나는 남아서 걱정을 했는데, 멘토는 부족하지 않아서 다행이라고 하면서 내 생각을 전환시켜주고, 걱정을 기쁨으로 바꾸어 주었다.

　누구든지 아침에 일어나는 것은 힘들고 귀찮은 일이

다. 하지만, 더 크고 멋진 인생을 위해서 일어나는 것이다. 귀차니즘에 빠져 있지 말고 다시 나의 꿈부터 구체화 시켜보자. 분명 더 새롭고 행복한 인생이 찾아오게 된다.

제5장 변화는 작은 것에서 시작된다

　오래 전, 덴마크에 올레 크리스티얀센이라는 목수가 살았다. 올레는 어머니를 일찍 여읜 아이들이 안쓰러워 쓰다 남은 나무로 작은 집이나 동물 인형을 만들어 선물하곤 했다. 정성껏 만든 장난감들이 입소문을 타고 유명해지자 여기저기서 주문이 들어왔다. 특히 나무를 깎아 만든 오리 인형이 인기가 많아 새벽부터 밤 늦게까지 만들어도 쏟아지는 주문을 맞추기가 힘들 정도였다. 올레의 아들 고트도 아버지를 도와 나무오리 인형을 만들었다. 열네 살밖에 안 된 어린 나이였지만, 아버지를 돕는 고트를 보며 올레는 내심 흐뭇했다. '손재주가 제법이군. 크면 이 목공소를 물려주어야겠다.' 그러던 어느 날, 기차역으로 제품을 배달 갔던 고트가 싱글벙글하고 돌아왔다.

"고트야, 무슨 좋은 일이라도 있었니?"

"네, 아버지. 지금 제가 배달한 나무오리들은 광택제를 두 겹 칠한 것들이에요. 아버지는 광택제를 세 겹 칠 하셨잖아요. 그런데 두 겹만 칠해도 별 차이가 없더라고요. 시간과 돈도 절약할 수 있고요. 앞으로는 광택제를 두 겹만 칠해도 되겠어요."

고트의 말이 채 끝나기도 전에 올레는 버럭 호통을 쳤어요.

"고트야! 지금 당장 그 나무오리들을 찾아오너라. 어서!"

"네? 네, 알겠습니다."

전에 없이 크게 화를 내는 아버지의 모습에 깜짝 놀란 고트는 헐레벌떡 달려가 나무오리를 가져왔다. 아버지는 나무오리들 하나하나에 정성껏 광택제를 칠한 뒤, 다시 고트에게 배달을 맡겼어요. 이윽고 배달을 마치고 온 고트를 앞혀놓고 올레는 입을 열었다.

"고트야, 네가 뭘 잘못했는지 알겠니?"

"아뇨, 솔직히 잘 모르겠어요."

"광택제를 두 겹 칠하나 세 겹 칠하나 크게 차이가 없다는 건 나도 안다. 시간과 돈이 절약된다는 것도 말이야. 하지만 그렇게 작은 부분에 소홀히 하다 보면 '에잇, 적당히 대충 만들자' 하는 마음이 차츰 자리 잡게 된단다."

"………"

"그러다 보면 나중에는 광택제를 한 겹만 칠하게 될 거야. 어디 광택제 뿐 이겠냐? 오리 깃털을 새기는 것이나 겉면을 다듬는 것도 게을리 하게 되겠지. 결국 우리가 만든 제품은 손님들의 외면을 받게 될 거야."

"이제 알겠어요, 아버지."

"작은 구멍이라고 내버려두면 큰 둑이 무너지듯, 작은 마음의 틈이 점점 커져 큰 문제가 생기는 법이란다.

변화는 작은 것에서 시작된다

온 마음을 기울여 만든 최선의 것이, 최고라는 사실을 명심하여라."

그 후 아버지로부터 목공소를 물려받은 고트는 그날의 가르침을 되새기며 어린이들을 위한 장난감을 많이 만들어냈다. 목공소는 점점 발전하여 큰 회사로 성장했는데, 바로 지금의 '레고'이다. 이 내용을 읽으면서 많은 감동을 받았다. 작은 부분도 소홀히 여기지 않고 사랑과 정성을 담은 최고의 장난감을 만들려는 정신이 있었기에, 지금까지도 전 세계 어린이들의 사랑을 받는 것이다.

변화는 작은 것에서 시작

인생의 변화는 큰 것에서 생기지 않는다. 작은 것에서부터 변화는 시작이 되는 것이다. 나는 교육을 담당하면서, 필요한 많은 것을 가르쳐 준다. 하지만, 교육을 받고 실천을 하는 사람들은 아주 드물다. 어떻게 하면 강연을 많이 다닐 수 있나요? 하면서 물어보는 사람들은 많은데, 실제로 시키는 대로하는 사람들은 드물다.

  영어공부를 어떻게 하면 잘하는지 물어보고 알려고 하는 사람은 많은데, 실제로는 영어 단어 하나를 외우고 문법을 배우면서 막히는 것을 질문하지는 않는 것이다. 필자는 많은 것을 배우기 위해서 스스로 부딪혔다. 그래서 막히면 인터넷을 검색하고, 멘토를 찾고, 도서관에 책을 뒤지면서 연구하면서 길을 찾아서 해결해 나갔다. 그렇게 하나씩 하나씩 배우면서 나의 것이 된다는 것이 너무나 기쁘다. 지금도 수많은 배움에 대해서 부딪히면서 하나씩 하나씩 배우고 있다. 성공하고 싶다고 하는 사람들은 많다. 하지만, 작은 시작을 하고 배우고 나아가는 발걸음을 걷는 사람들은 드물다.

  대학생 때, 일년 동안 스페인어권 '코스타리카'라는 나라로 해외봉사를 다녀왔다. 언어를 배운다는 것이 참 힘들고 어려운 것 같다. 많은 사람들이 언어를 유창하게 잘하고 싶어 한다. 잘하고 싶은 것과 하고 있는 것은 다르다. 언어를 잘하고 싶은 마음을 가진 사람들은 많다. 하지만, 언어를 배우고 익히고 말하는 과정을 꾸준히 하는 사람들은 드물다.

농부는 가을에 수확을 한다는 기쁨의 마음으로 부지런히 농사를 짓는다. 농부는 가을에 수확을 한다는 믿음과 기쁨으로 하루하루를 부지런히 산다. 그냥 가을만 되면 수확을 하는 것이 아니다.

외국어를 유창히 하는 것도 그냥 되는 것이 아니다. 매일매일 단어를 외우고, 문법을 익히고, 말을 하다 보면 실력은 늘고 있는 것이다. 모든 것이 다 마찬가지다. 시작을 하면 돕는 사람이 생기고, 물어 보게 되고, 어느 덧 성장해 있는 자신을 보게 되는 것이다.

최초의 우주인 유리 가가린

1961년, 옛 소련의 공군 대위 유리 가가린이 보스토크 1호를 타고 1시간 48분간 우주를 비행하였다. 유리 가가린은 우주에서 지구를 본뒤 '지구는 푸른 빛깔이었다.'라는 말을 남겼다. 유리 가가린이 어떻게 해서 최초의 우주비행사가 되었을까? 원래 우주비행사 후보자는 모두 20명이었다. 최종 선정 일주일 전에 후보자들을 모두 보스토크 1호에 직접 타보게 했다. 모든 지원자들은 그냥 신발을 신은 채로 우주선에 올랐다. 그런데, 유리 가가린만은 신발을 벗고 양말만 신은 채 우주선에 올랐다. 유리 가가린은 이 작은 행동 하나로 설계사로부터 큰 호감을 얻게 되었던 것이다. 설계사는 유리 가가린이 우주선을 아끼는 것을 보고 그를 최초의 우주비행사로 선정했다. 그 후 유리 가가린은 레닌 훈장을 받고, 최고회의 대의원이 되고, 대령으로 승진한다. 그리고 세계최초의 우주비행사로 전 세계를 다니면서 수많은 강연을 했다. 이처럼 인생의 변화는 아주 작은 것에서 시작이 되는 것이다. 작은 것에 소홀한 사람은 큰 것에도 소홀하게 된다.

나무를 심는 엄마 이지에팡

이지에팡의 외아들 양풰이저는 우수한 성적으로 일본중앙대학 상학부에 입학했다. 당시에 아들은 텔레비전에서 중국 북방의 황사에 대한 보도를 보고 어머니에게

"제가 대학을 졸업하고 중국으로 돌아가 사막에 나

무를 심어 삼림으로 만들 거예요."라고 말했다. 그 후, 2000년 5월의 어느 날 이지에팡은 아들이 다니는 학교로부터 아들이 학교 오는 길에 교통사고를 당해 생명이 위험하다는 전화를 받았다. 하지만, 이들 부부가 병원에 도착했을 때 아들은 이미 숨을 거둔 뒤였다.

이 후 2년이라는 시간 동안 부부는 눈물로서 시간을 보냈다. 어느 날부터 이지에팡은 과거에 아들이 사막에 나무를 심겠다는 말이 머릿속에서 떠나지 않았다. 이리하여 그녀는 생활의 목표를 다시 세울 수 있었다. 2003년 이지에팡은 십 며칠 동안 내몽고 사막지역을 둘러보았는데 황사가 하늘을 가리고 모래 언덕이 끝없이 어어 지는 광경이 그녀에게 큰 충격을 주었다. 집에 돌아온 그녀는 남편과 함께 모든 저축과 재산, 또 아들의 생명과 맞바꾼 보험금과 사고배상금을 착수금으로 삼아 '녹색 생명'이라는 공익성 조직을 설립하였다.

"당시 많은 사람들이 부부에게 아들이 없으니 돈을 좀 남겨 두어 노후에 대비하라고 권하였어요." 이지에팡은 여러 사람들의 이러한 권고에도

"우리들은 죽은 후에 한 푼의 돈도 가져갈 수 없지만 이 돈들을 나무를 심는데 쓴다면 나무들은 영원히 이

세상에 남아있을 것입니다."라고 했다. 2007년 쿠룬치 사람들은 양뤠이저를 위해 기념비 하나를 세웠다. 이 비석에 부부는 아들을 기념하기 위해

"살아서는 풍사를 막기 위해 우뚝 서 있고 넘어져서는 자신을 불살라 다른 사람을 위해 밝게 빛난다."라는 글귀를 새겼다.

이들이 심은 나무의 생존율은 80% 이상이었다. 그리고, 10년이 넘는 시간 동안 200만 그루의 나무가 심겨져서 사막이 푸른 숲으로 우거지고, 모래 바람을 상당히 많이 줄였다고 한다.

사람들은 이 부인에게

"사막에 나무를 심는다고 자라겠냐?"

"혼자서 나무 몇 그루 심는다고 사막이 달라지느냐?"며 말렸지만, 지금은 놀랍게도 쿠룬치 사막은 푸른 숲이 우거져 나무들이 자라고 생명이 살 수 있는 땅으로 바뀌고 있다. 지금은 부인의 마음을 흘러 받은 많은 사람들이 손길이 보태 지고 있고 우리나라에서도 봉사단원들이 가서 나무를 심고 있다. 한 두 사람의 작은 시도와 작은 시작이 사막을 숲으로 바꾼 것이다. 변화는

변화는 작은 것에서 시작된다

절대 큰 것에서 오는 것이 아니라, 작은 것에서 시작되는 것이다.

우리의 모든 동작이 쿵푸다

'베스트 키드'라는 영화를 감명 깊게 본적이 있다. 영화 속에서 드레는 친구들에게 괴롭힘을 당하면서 쿵푸를 배우려고 성룡을 찾는다. 성룡은 드레에게 재킷을 입고 벗는 것만 수천 번을 하게 훈련시키고, 계속 반복시킨다. 드레는 바보 같다면서 재킷을 던지면서 쿵푸를 배우는 것을 그만 두려고 한다. 차라리 그냥 두들겨 맞는 게 낫다고 생각한다. 나가려는 드레를 불러서 재킷을 입고, 벗고 거는 모든 동작 속에 쿵푸의 모든 기술이 다 들어 있음을 알게 한다.

"우리의 모든 동작이 쿵푸다."

"……"

"재킷을 입고, 재킷을 벗고, 남들과 어울리고…… 그 모든 게 쿵푸다."

많은 사람들은 큰 변화를 원한다. 그리고, 큰 성과를 원한다. 하지만, 정작 작은 일에는 소홀한 경우가 많은 것이다. 작은 성과와 작은 결실들이 모여서 얻어지는 결과물이 아닌, 한 순간에 좋은 결과가 오기를 기대한다.

　행복한 미래를 원한다면 큰 꿈을 꾸기 보다는 지금 주어진 일에 최선을 다하라고 이야기 하고 싶다. 프로 강사가 되기를 원한다면 강연하면서 만나는 모든 사람을 소중히 여기라고 이야기 하고 싶다. 책을 쓰고 출판하길 원한다면, 책상에 앉아서 매일 한 페이지라도 쓰라고 말하고 싶다. 우리의 삶 모두가 하나도 소홀하게 생각하지 않을 것이 없다. 지나가다가 우연히 알게 되는 사람이 나중에 큰 도움을 줄 수도 있는 것이다. 순간순간의 삶을 소중히 생각하고 만나는 모든 사람을 소중히 생각하고 지낸다면 벌써 성공한 삶이지 않을까?

짚신 잘 파는 방법 털털털...

　멘토를 통해서 들은 이야기가 있다. 옛날 어느 날, 아버지와 아들이 짚신을 팔았다고 한다. 아버지의 짚신은 인기가 좋아서 장터에 내 놓기만 하면 잘 팔리는데, 아들이 만든 짚신은 잘 팔리지가 않고, 짚신을 사간 사람도 재 구매하는 경우가 거의 없었다. 그래서, 궁금한 아들은 아버지에게 짚신을 잘 파는 방법을 가르쳐 달라고 부탁을 했지만, 아버지는 연구하고 생각해 보라고 하면서 가르쳐 주지 않았다. 그러다가 아버지는 병에 걸려 짚신을 더 이상 팔지 못하시게 되었다. 세상을 떠나기 전에 아들이 짚신 잘 파는 방법을 물어보았는데,

　"털털털..."

　하고는 돌아 가셨다. 장례식을 마치고, '털털털'에 대한 의미를 아무리 생각을 해도 무슨 뜻인지 도통 알 수가 없었다. 그러면서 아버지의 짚신과 본인이 만든 짚신을 두고 비교를 해 보았는데, 아버지가 만든 짚신은 잔털이 없고, 신으면 편안 했지만, 본인이 만든 짚신은

잔털이 많고, 신으면 까칠까칠했던 것이었다. 아버지는 짚신을 다 만들고, 잔털을 다 없애 손님들이 편안하게 신을 수 있게 도와 준 것이었다.

하루하루를 살아가면서, 작은 것이 모여서 결국에는 큰 결과물이 얻어지는 것이다. 지금 하루하루를 소홀히 여기고, 시작하지 않는다면 아무것도 얻는 것은 없게 되는 것이다.

내가 아는 어떤 사람은 취업을 위해서 면접을 보았는데, 실력이나 모든 부분에 남들보다 나은 것이 없었다고 한다. 하지만, 모든 사람들을 제치고 당당히 대기업 회사에 들어 갈수 있는 이야기를 들었다. 다른 사람들은 면접을 마치고, 의자 정리를 하지 않았는데, 본인은 마치고, 의자를 원 위치해 두고 나왔다고 한다. 나중에 회사 관계자가 채용된 이유에 대해서 설명해 주는데, 의자를 정리하고 나가는 모습이 회사에서 일을 잘할 수 있겠다는 마음이 들어서 채용했다고 한다.

필자는 출판사를 운영하고, 책 쓰기를 원하는 사람들에게 코칭도 해주고 있다. 거의 모든 사람들이 '지금도 바쁜데, 어떻게 책을 쓸 수 있나요?'라고 말한다. 하지만, '책을 쓰면 하던 일을 더 오래 할 수 있고, 내 분야의 최고 전문가가 될 수 있다고 이야기 한다.' 책을 쓰다 보면 부족함도 보이고, 그러면 나의 부족함을 채우기 위해서 노력할 것이고, 내 분야의 최고 전문가가 될 수 있는 것이다. 그리고, 하던 분야에 더 오래 멋지게 일할 수 있는 것이다.

그냥 흘러 지나가는 시간들은 다시 오지 않는다. 나에게 하나뿐인 시간들 정말 소중하고 귀하게 사용한다면 더 멋진 인생이 시작이 되는 것이다.

우리 아들들 에게도 큰 것 말고 작은 것부터 가르친다. 수돗물 아껴쓰기, 음식 남기지 않고 먹기, 인사하기 등 아무것도 아닌데, 작은 습관들이 좋은 미래를 만들어 가는 것이다.

제6장 사랑에는 희생이 따른다

 사람이 가장 행복 할 때가 언제일까? 돈을 많이 벌고, 사업에서 성공했다고 행복할까? 돈은 있지만, 불행하게 사는 사람들이 있고, 사업에 성공을 했지만, 자녀들과 부부간에 불화가 되고, 이혼을 하는 경우도 있다. 돈과 명예 성공 등은 가족들과 지인들과의 좋은 관계가 뒷받침이 될 때 더 빛이 나는 것이다.
 애니매이션 '카'라는 만화영화를 본 적이 있다.

"그건 그저 빈 컵일 뿐이다."

성공의 트로피가 중요한 것이 아니라, 인생의 목적을 위해서 살아가는 모든 과정이 소중한 것이다. 트로피는 단지 빈 컵일 뿐인 것이다.

사람과 사람 사이에 마음이 흐르고, 마음의 이야기를 하고, 사랑을 받고 사랑을 주게 될 때 세상 무엇보다 더 행복한 삶을 살게 된다. 사람은 누구든지 혼자 살 수 없고, 마음을 나눌 대상이 필요하고, 사랑을 주고, 받을 대상이 필요한 것이다.

부모가 태어난 아이를 품에 안고 모유를 줄 때 얼마나 행복한가? 사랑하는 가족을 포옹할 때 큰 행복감을 느낀다. 사랑에는 힘이 있다. 마치 씨앗이 물과 흙을 만나면 새 생명이 시작이 되고, 열매를 맺어 다른 사람들을 기쁘게 하듯이, 사랑에는 위대한 힘이 있는 것이다. 세상에 많은 사랑이 있지만, 희생이 따르는 사랑은 드문 것 같다. 예전에 어머니와 함께 포도를 먹던 기억이 난다. 풍족하지 않았던 어린 시절에 포도를 먹을 때면 어머니 앞에는 상한 포도 껍질이 많이 쌓였다. 하지만, 내 앞에는 좋고 싱싱한 껍질만 쌓였다. 그때는 잘 몰랐지만, 어머니는 더 좋은 것을 아들에게 주고 싶었기 때문에 싱싱하지 않은 것을 일부러 골라서 드셨던 것이다.

나는 고기는 좋아하지 않아. 아들아 많이 먹거라

백숙을 먹을 때도 마찬가지였다. 어머니는 살점이 많이 붙어 있는 고기를 드시지 않고, 뼈를 분질러서 뼈 속에 시커먼 것을 맛있다면서 드시면서,

"나는 고기는 좋아하지 않아. 아들아 많이 먹거라." 하면서 살점이 많이 붙어 있는 것을 나에게 주셨다. 어린 나이에 정말로 어머니는 고기를 좋아하지 않는다고 생각을 했는데, 아들을 사랑하는 마음 때문이었다는 것은 커서 알게 되었다. 이렇게 어머니의 희생적인 사랑으로 내가 잘 자랄 수 있었는데, 커서 아버지가 되어보니 조금씩 부모님의 사랑을 알아가는 것 같다. 많은 청소년들이 부모님이 나에게 해 준 것이 없다고 생각하고 사랑을 느끼지 못해서, 탈선하는 경우도 많이 본다. 자식을 사랑하지 않는 부모가 있을까? 부모님의 사랑을 잘 알지 못하는 경우가 더 많은 것이다.

가족들과 '크게 될 놈'이라는 영화를 본 적이 있다.

외딴 섬마을, 작은 식당을 운영하는 기강과 기순의 어머니 순옥, 반항기 넘치는 기강은 크게 성공해서 돌아오겠다면서 서울로 야반도주를 하고, 무모한 성공을 꿈꾸다가 결국에는 범죄자로 전락, 급기야 사형선고를 받는다. 범죄와의 전쟁으로 엄격한 법집행이 이어지던 시기, 언제 죽을지 모르는 기강은 불안과 공포에 떨고 그런 그에게 한 통의 편지가 도착한다.

글을 모르는 어머니가 아들의 구명을 위해, 자신의 마음을 전하기 위해 한글을 배우기 시작하고 주위 사람들 모두 이들 모자를 위해 마음을 모으게 된다. 자식이 크게 성공하지 않았어도, '큰 범죄를 저지는 놈'이라고 할지라도 어머니가 기강을 사랑하는 마음은 변치 않는 것이다. 바다처럼 넓은 부모님의 사랑과 마음을 헤아릴 수 없는 것이다. 어머니는 사형수가 된 아들을 만나기 위해 바다를 건너 기차를 타고 갑니다. 한복을 곱게 차려 입고 행여나 아들이 차가운 유치장 바닥에서 굶고 있지는 않을까 걱정되어 밥과 반찬까지 지극 정성으로 싸서 만나러 갑니다.

철창을 사이에 두고 같이 밥을 먹고 싶어도 안 되고,

손을 잡고 싶어도 안 되는 상황에서 모자는 서로 눈물만 흘리고 헤어지게 된다. 면회 후에 어머니와 손 한번 잡아 보고 같이 밥을 먹고 싶다고 생각하고 있을 때에, 교도관이 바뀌게 된다. 그러면서 새로운 제도가 생기면서 한문 시험 100점을 5번 맞게 되면 특별면회를 허락해 준다는 이야기다. 야외 벤치에서 어머니와 자유롭게 앉아서 어머니와 손도 잡고 밥을 먹을 수 있다는 기대로 시험을 보았는데, 공부와는 담을 쌓고 살았던 터라, 50점을 맞기도 힘들었다.

  하지만, 남들이 잘 시간에 더 열심히 공부를 해서, 결국에는 시험에서 100점을 5번 맞게 된다. 드디어 특별면회 날이 오고, 감방에 같이 있는 동료들도 너무나 기뻐해 준다. 어머니도 맛있는 음식을 준비해서 아들을 만나기 위해 열차를 탄다. 그렇게 열차를 타고 앉아서 아들을 만날 것에 대해서 행복하게 잠드는 모습이 인상적이었다. 하지만, 기다려도 어머니는 오시지 않고, 담당 간수는

  "너희 어머니 면회 오시다가 심장마비로 열차에서 돌아가셨다."는 이야기를 듣게 된다. 세상 사람들은 손가락질 하지만, 어머니에게는 언제나 사랑하는 하나뿐

인 아들이었던 것이다.

부모의 마음을 볼 만한 눈

부모의 사랑을 아는 순간 자식은 변화가 시작한다. 부모도 사랑하는 마음을 때로는 잘 표현하지 못할 때도 많은 것이다. 오늘 사랑하는 자녀에게 부모님에게 사랑한다는 표현과 말을 해보자.

"어머니, 아버지 사랑합니다."

"아들아, 딸아 사랑한다."

아프리카 텔레비전 프로 중에 'LINK UP'이라는 프로가 있다.

"우리 엄마는 나를 싫어해. 나는 우리 집에 필요 없는 녀석이야."

"사랑한다는 그 짧은 말을 한 번도 들어 본 적이 없다."

는 학생들에게 찾아가서 이렇게 말하고 이야기 하는

학생 어머니를 깜짝 초대해 나오게 한다. 그리고 그 짧은 말을 듣는 순간 학교는 울음바다가 되는 것이다.

"사랑 한다 내 하나뿐인 소중한 아들아!"

필자는 기독교인으로서 예수님을 믿는다. 많은 종교 중에 나를 위해서 희생해 주고 사랑해 주신 분은 예수님 밖에 없다고 믿는다. 내가 잘못하고 실수 했다고 내가 허물이 있다고 벌하시는 분이 아닌 나의 모든 실수, 허물로 인해서 내 모든 죄를 대신 짊어지고 희생하신 분이기 때문이다. 많은 종교들이 무엇을 잘해야지만 복을 받는다고 이야기 한다. 예수님의 사랑을 오해하는 사람들도 무엇을 잘해야지만 복을 받는다고 생각한다. 하지만, 하나님의 사랑은 공짜로 값없이 우리에게 주어진 것이다. 공기도, 햇빛도, 우리의 죄를 씻는 것도 말이다.

세상에는 많은 사랑이 있다. 진정한 사랑은 희생이 따른다고 본다. 아무 대가도 바라지 않고, 나를 사랑해 주신 부모님 사랑으로 지금의 내가 있는 것이다.

"부모님 사랑합니다."

"사랑합니다" 이 짧은 말 한마디가 모두를 행복하게 한다.

생일에 축하해 주는 약장수에게 약을 사다

예전에 친할머니가 살아 계셨을 때 한 번씩 약장수들에게 속아서 약을 사 오시곤 했었다. 왜 바보같이 효능도 없는 약을 비싼 가격에 샀는지 이해가 되지 않았다. '약장수'라는 영화가 있다. 약장수들의 직업은 홀로 거주하는 할아버지, 할머니들을 상대로 물건을 파는 이들이다. 여기서 나오는 주인공 할머니의 아들의 직업은 '검사'이다 사회적으로 성공하고 출세했지만, 늘 바쁘다는 핑계로 부모를 제대로 챙기지 않는다. 겉으로 보이기에는 아들로서 화려하고 멋있어 보일지라도 어머니의 내면은 누구도 알 수 없을 만큼 쓸쓸하고 외로운 것이다.

아들은 바쁘다는 이유로 생일에 오지 않는데, 약장수는 아들보다 더 주인공 할머니를 챙기고 생일을 축하해주러 오고, 위해주는 것을 보면서, 약을 사기 시작한다.

　영화와 우리 현실이 다르지 않다. 2016년 1232명 가량이 임종을 지켜주는 사람 없이 혼자서 사망하는 것으로 보고되고 있다. 통계가 그렇다는 것이지 실제는 이보다 더 많은 이들이 죽어가고 있는데, 가족들이 모르고 있는 경우가 많다. 혼자 살지만, 아무도 찾아오지 않아서 외로운 부모님들이 많다.

　"얘야 나하고 더 두 말고 딱 2시간만 놀아주면 안 되겠니?"

　이 말을 듣고 아들은 짧은 한숨을 쉬며 냉정하게 집 밖으로 나간다. 이게 지금의 우리들의 모습이 아닐까 싶다. 결국 할머니는 지키는 사람 없이 쓸쓸하게 세상을 마감하게 된다.

　그냥 지금 부모님께 전화로 사랑한다고 이야기 하고, 부모님의 외로운 자리에 같이 있어준다면 얼마나 행복한 사회가 될까? 필자는 부모님과 같이 산다. 같이 밥을 먹고, 이야기를 나누고 산다는 것이 서로에게 더 없는 행복이다.

사랑에는 표현이 따른다

실제로 자신에 대해서는 잘 모르고 있을 때가 많다. 내가 아들들과 같이 있으면서 주로 하는 말에 대해서 잘 생각을 하고 있지 않았는데, 아들들이 한 번씩 내가 했던 말들을 따라하는 것을 들으면 민망할 때가 많다.

"빨리 숙제 해라"

"학원 가야지"

"내가 못 살아"

"혼 날래?"

"빨리 치워"

"야!"

아이들이 부모에게 가장 듣고 싶은 이야기 중에

1위는 "좀 실수해도 괜찮아"

2위는 "우린 항상 너를 믿는다"

3위는 "앞으로 다 잘 될 거야"

4위는 "우리 딸, 우리 아들 사랑 한다"라고 한다.

   사랑도 표현하지 않으면 잘 모르는 것이다. 돈 하나도 안 들이고 행복해 지는 행복비밀이다. 똑같은 표현이라도 상대를 화나게 하는 표현이 있고, 상대를 행복하게 하고 잘되게 하는 표현들이 있다.

   실제로 부모님들도 사랑의 표현을 잘못해서, 자식들이 불행해 지는 경우가 많다. 그리고, 남편과 아내 사이에도 사랑하는 사이지만, 말 표현 하나로 인해서 불행해 지는 경우가 너무 많다.

이혼보다 더 좋은 것은?

이혼하는 사람들의 대부분이 대화에 문제가 있다는

이야기가 있다. 비난, 방어, 경멸, 담 쌓기의 반복을 하면서 살아간다고 한다. 이런 대화를 하는 94%가 이혼을 한다고 한다.

"당신은 어떻게 된 사람이…."

"그러는 당신은 뭘 잘했는데?"

"당신도 그러잖아, 당신은 안 그랬어?"

'어쭈….'

"어휴 지겨워. 또 시작이군…."

"당신이 항상 그렇지 뭐!"

"맨날 술이나 마시고 들어오고!"

"결혼기념일 한번이라도 챙겼어?"

"이게 당신 탓이지 내 탓이야?"

"왜 나만 잘못했다고 그래?"

"그러는 넌 뭘 잘했는데?"

"이 새 대가리야"

"주제 파악이나 하시지."

"흥! 꼴에 잘난 척은!"

이런 대화를 나누고 있지는 않으신가요?

필자 또한 아내가 나에게 싫은 소리를 하면서 공격을 하면 더 크게 공격을 하면서 서로에게 말로 상처를 입혔고, 서로 큰 상처에 며칠간 말을 안 하고 지낼 때가 자주 있었다. 항상 아내는 나랑 살기 싫은데, 산다는 말을 하면, 이혼하자라고 이야기 하면서 상황은 확대가 되곤 했었다. 그런데, 하루는 이런 이야기를 하는 것이었다.

"여보, 사실 나는 당신이 너무 고맙고, 소중해. 만약 다른 사람과 결혼을 한다고 해도 당신처럼 잘 해주는 사람이 없을 것 같아. 때로는 속상해서 이야기 하지만, 당신에게 고마운 마음이 많아."

이 이야기를 들으면서 10년 넘게 마음속 깊숙이 쌓여 있었던 상처가 회복이 되었다. 이런 마음의 이야기를 진심으로 들은 것은 십년 만에 처음인 것 같았다. 마음에 사랑하는 마음이 있어도 표현을 하지 않으면 상대는 모르는 것이다.

말의 표현이라는 영상을 보았는데, 한 소경이 구걸을

하는 영상이다. 구걸을 하면서 앞에는 도와 달라는 글귀를 적어 놓았다. 많은 사람들이 외면하면서 지나가는데, 한 여성이 글귀를 바꾸어 준다. 신기하게 그 후로 계속 사람들이 동전과 지폐를 계속 넣기 시작하는 것이다. 뜻은 같지만 다른 표현으로 쓴 것이다.

"나는 장님입니다. 도와주세요" 에서

"아름다운 날입니다. 그리고 난 그 걸 볼 수 없네요" 로 바꾼 것이다. 똑같은 말이지만, 여러분의 표현에 따라서 상대가 더 크게 행복을 느끼게 되는 것입니다.

제7장 행복은 마음에서 시작된다

　현대인의 가장 큰 문제 중에 하나가 스트레스라고 한다. 스트레스로 인해서 모든 질병에 원인이 되기도 한다. 어느 날, 한의원에 간 적이 있다.

　"스트레스를 많이 받으시네요."

　"선생님, 어떻게 하면 스트레스를 안 받을 수 있나요?"

"그건 간단합니다."

"…."

"공부하는 학생이 공부를 당연히 해야 한다고 생각하면, 스트레스를 받지 않지만, 공부를 왜 해야 되는 거야? 하면서 공부하기를 싫어하면 스트레스를 받게 되는 것입니다."

외부에서 수많은 스트레스를 받게 하는 원인들이 있다. 하지만, 똑같은 환경이지만, 어떤 사람은 스트레스를 받고 어떤 사람은 스트레스를 받지 않는 것이다.

술잔 속의 뱀 그림자

중국 후한 때 응침이 두선과 술을 마셨다. 그런데 두선은 술잔에 비친 활 그림자를 뱀으로 오인하여 마시기 싫었으나 친구와의 술자리 예의상 마지못해 마셨다. 그 후로 몸이 아파 백방으로 치료해 보았으나 병세는 오히려 악화될 뿐이었다. 응침이 그 이유를 물었더니, 두선은

"뱀이 내 뱃속으로 들어왔기 때문입니다."라고 했다. 응침은 그 말을 듣고 집에 돌아와 곰곰이 생각하다가 뱀의 모습을 한 활 그림자를 보게 되었다. 이에 두선을 집으로 오게 한 뒤, 술자리를 마련하여 잔 속을 확인하게 하였다. 두선은 자기의 착각 이었음을 깨닫고 마침내 병이 나았다. 杯 中 蛇 影 배중사영 술잔 속의 뱀 그림자라는 뜻의 고사성어이다. 杯 잔배, 中 가운데 중, 蛇 뱀사, 影 그림자 영의 뜻을 가지고 있는 것이다.

 실제 뱀이 몸속에 들어가서 아팠던 것이 아니라, 마음에서 생긴 병이었다. 많은 사람들을 만나면서 실제 모든 문제는 다른 곳이 아닌 마음에서 시작이 되는 경우를 많이 보았고, 마음만 바꾸어도 행복해 지는 경우를 많이 보았다.

18도의 냉장고에 갇혀 얼어버리다

 저장 냉동고에 갇힌 사람이 얼어 죽은 사건을 인터넷에서 본 적이 있다. 그 냉동고에 갇힌 사람은 벽에다 죽기 전까지의 상황을 기록해 놓았다고 한다.

'손발이 얼어온다'

'움직일 수 없다'

'이제 연필을 쥘 수도 없다'

놀라운 것은 그 냉동 시설은 고장이 나서 온도는 18도였다는 것이다. 18도의 방에서 얼어 죽은 것 이였다.

실제 병이 걸려서 세상을 떠나는 사람들도 많지만, 큰 병에 걸렸다는 말 한 마디를 들은 후로 절망으로 마음에서 미리 병에 지는 경우가 많다.

인생을 살면서 어떤 마음을 품고 있는지는 너무도 중요하다. 히틀러는

'유대인들은 전 세계를 불행에 빠뜨리는 자본주의와 공산주의를 만들었다. 그들은 이미 독일의 언론과 경제를 틀어쥐고 지구상의 민족들을 정복하려고 한다. 독일이 제1차 세계대전에서 패한 것도 유대인들 때문이다.' 라고 품고 있는 생각과 마음으로 인해서 결과는 유대인들 600만명 이상을 학살했다.

아브라함 링컨은

'모든 인간은 평등하게 태어났고, 하나님은 모든 인간을 사랑하신다. 사람이 다른 사람을 노예로 만드는 것은 있을 수 없는 일이다'

어릴 적부터 성경을 통해서 좋은 생각과 인성이 있었던 아브라함 링컨은 결국에 남북 전쟁을 치르고 노예 제도를 폐지하는 위대한 일을 하게 된 것이다.

'콩 심은데 콩 나고 팥 심은데 팥 난다' 는 이야기가 있다. 어떤 마음과 생각을 품고 있느냐에 따라서 그 사람의 1년 후, 10년 후가 결정이 되는 것이다. 그냥 훌륭한 사람이 되고, 저절로 사업에서 성공하는 것이 아니다. 좋은 인성과 마음은 어릴 적부터 형성 되어야 그 가치가 더 빛나게 되는 것이다.

다이아몬드 원석이 있다. 원석의 가치는 얼마나 가공이 되었느냐에 따라서 더 큰 값어치를 가지게 되는 것이다. 사람의 외모만 달라져도 인생이 바뀌게 된다. 자신감이 넘치게 되고, 사람들에게 많은 호감도 주게 된다. 내면에 있는 인성과 마음도 교육을 통해서 좋은 생각과 인성이 잘 만들어 져야 한다.

어릴 때 들은 말 한마디가 인생에 커다란 영향을 주

는 경우가 많다. 그냥 방치된 풀밭과 가꾸어진 정원은 차이가 있다. 자녀들을 학원만 보내고, 좋은 옷을 입히고, 맛있는 음식만 필요한 것이 아니라, 좋은 인성을 만들어 줘야 한다. 인성교육을 통해서 한사람이 바뀌고, 나아가 한 사회가 바뀌고, 더 나아가 한 나라가 바뀌게 되는 것이다.

바보와 천재의 차이는?

IQ173. 뛰어난 역량을 지닌 빅터였지만, 여섯 살의 빅터는 인지 테스트에서 또래보다 뒤떨어진다는 의견을 듣는다. 아버지는 빅터에게 그런 말은 귀담아들을 필요 없다고 격려하지만, 내성적인 빅터는 위축되고 만다. 게다가 학교 로널드 선생님과 친구들로부터 어눌함을 무시당하며 자신감이 바닥나게 된다.

빅터는 학창 시절, 선생님에게 '바보'라는 이야기를 듣는다. 그 선생님은 빅터에게

"네가 가장 잘 할 수 있는 일은 노동"이라 말하며 단순 노동을 권하죠. 그래서 빅터는 실제로 단순 노동 일

에 전념합니다. 어릴 적부터 저능아 취급을 당했고 15살 되던 해 학교에서 실시한 IQ테스트에서 73이 나왔다고 한다. 좋지 않은 성적에 말까지 더듬었다고 하는데, 결국 선생님께서는

"공부와는 인연이 없는 것 같으니 그만둬라"는 말을 듣고 학교를 그만 두게 된다.

그러다 군대에 갈 시기가 되어 IQ테스트를 시행하게 됩니다. 그 IQ시험에서 무려 161이라는 점수가 나오며 빅터의 인생이 바뀌게 됩니다. 신기한 것은 자신의 IQ를 정확하게 알고 난 후부터 천재의 삶을 살게 되었다고 한다. 그 후 빅터는 멘사(MENSA)를 창립하고 20권이 넘는 책을 쓰며 IQ테스트도 개발하게 되죠.

멘사(MENSA)란?

멘사는 표준화된 지능검사에서 일반 인구의 상위 2%에 드는 지적능력만을 가입조건으로 하는 국제적인 단체로 Mensa의 의미는 라틴어로 "테이블", mens는 "마음" 그리고 mensis는 "월(month)"을 뜻합니다. 따라서 멘사를 통해 "마음, 테이블, 월(month)를 떠올

릴 수가 있으며

'위대한 마음을 가진 사람들이 한 달에 한 번 테이블에 둘러앉아 모임을 갖는다'는 것을 의미한다.

실제 아이큐하고 상관없이 어떤 아이큐를 본인의 아이큐로 믿었는가에 따라서 인생이 달라진 것이다. 나는 심리학을 공부하면서 교수님께서 혈액형은 성격과 상관이 없다는 강의를 들으면서 놀랐다. 혈액형이 성격과는 상관없지만, 그 혈액형이 담긴 성격을 본인의 성격으로 믿었을 때는 실제 성격이 그렇게 될 확률이 높다는 이야기이다. 모든 것은 정말 마음에서 시작되는 것을 본다.

앞에서 이야기한 데로 우리 아버지도 절대 나을 수 없는 이명이 마음의 변화로 인해서, 이명에서 벗어나서 새로운 삶을 살고 있는 것이다.

나의 가치 만들기

멘체스터 유나이티드의 전설적인 감독 알렉스 퍼

거슨 경의 '마지막 껌'이 무려 39만 파운드 (약 5억 8000만원)에 낙찰됐다. 퍼거슨 경은 지난 1986년부터 2013년까지 26년 간 맨체스터 유나이티드를 지휘하며 13번의 리그 우승과 2번의 챔피언스리그 우승이라는 엄청난 업적을 세운 인물이다. 아울러 우리나라 사람들에게는 히딩크 감독과 더불어 박지성의 스승으로도 잘 알려져 있다. 퍼거슨 경은 감독 시절 경기 중 껌을 자주 씹었다. 일부 영국 언론에서 그가 껌을 씹으며 어떤 생각을 하는지 분석하는 기사를 작성했을 정도로, 껌은 퍼거슨 경의 트레이드 마크였다. 퍼거슨 경은 감독으로서 지휘하는 마지막 경기에서도 껌을 씹었다. 2013년 웨스트 브로미치 앨비언과의 리그 경기였다. 이 날 경기는 5:5로 끝났지만 맨유는 우승을 확정지은 상태에서 퍼거슨 경이 마지막으로 뱉은 껌은 많은 사람들의 관심을 받았고, 놀라운 금액에 낙찰이 된 것이다.

아무것도 아닌 껌의 가치는 어떻게 결정이 될까? 퍼거슨 경의 마인드와 정신세계를 높이 평가하기 때문이다.

명품 가방을 가진 다고 그 사람도 명품이 되는 것은

아니다. 인성이 잘 갖추어 져야 어디서든 그 사람을 높게 평가하는 것이다. 명품 가방을 가지려고 하는 사람은 많지만, 나를 진정한 명품으로 만드는 사람은 드문 것이다. 분재도 얼마만큼 창의적인 아이디어로 노력으로 가꾸는가에 따라서 수억에 낙찰이 되기도 하는 것이다.

피카소의 그림도 몇 천억의 값어치가 있는 것도 피카소의 정신세계를 높게 평가하기 때문이다. 길거리에 다니다 보면 초상화를 정말 똑같이 잘 그려주는 화가가 있지만, 그 사람에게 그림의 값어치로 몇 백 만원을 주지는 않는다. 그림을 잘 그리는 사람들은 많다. 하지만, 그 가치는 그림만 잘 그린다고 높게 결정되는 것은 아니다.

까마귀가 공작새 깃털 붙인다고 공작새가 되는 것은 아니다. 훌륭한 인성과 많은 사람들과 교류하는 마인드가 있으면 그 사람의 가치는 금방 올라가게 되는 것이다.

제8장 아들에게 선물하고 싶은 것

 결혼하고 첫째 아들이 태워 났을 때 기분은 표현 할 수 없을 정도로 행복했다. 초보 아빠로서 아들을 잘 키우고 싶어서 도서관에서 많은 책을 읽었다. 아들은 잘 울고, 울음소리가 유난히 컸기에 키우기가 너무 힘들었다. 낯가림도 심해서, 다른 사람들에게는 잘 가지도 않았다. 좋은 아들로 키우고 싶어서 책을 읽고 내용을 따라하면서, 아이에게 적용시켰다. 하지만 달라지는 것은 하나도 없었다. 어린이 집에 보내면서는 고집도 세지고, 키우기가 지치고 힘들었다. 그러면서, 텔레비전에 유아 관련 좋은 프로를 모두 다운 받아서 보았지만, 우리가족 에게는 별 도움이 되지 않았다.

그러다가 우연히 인성교육을 배우면서 알게 된 책 한 권을 선물 받았다. 그 책에는 아이에게 꼭 필요한 것은 자제력이라고 이야기 하고 있었다.

그때부터, 아이를 잘해주려는 마음을 버리고, 부모인 나와 아내부터 아들에게 대하는 마음을 자제하기 시작했다. 맛있는 것을 사주고 싶은 것도 자제하고, 좋은 놀이동산에 데리고 가고 싶은 마음도 자제하고, 외식을 자주 하고 싶은 마음도 자제하고, 좋은 옷과 장난감을 사주고 싶은 마음도 자제하기 시작했다.

아들이 힘든 것이 아니고, 부모인 내가 더 힘들었다. 남들처럼 좋은 장난감 사주고 그것을 가지고 기뻐하는 아들을 보면서 뿌듯하고 싶었는데, 자제하면서 열 개를 아들에게 해주고 싶으면 한 개나 두 개를 해주었다. 처음에는 힘들었지만, 점점 아들이 변화되는 것을 느낄 수 있었다.

작은 것에 행복해 하는 아들

부모를 원망할 수 있는데, 과자 하나만 사주어도 행복해 하고 기뻐하고, 작은 것에 너무 행복해 하는 것을 보게 되었다. 하루는 장난감 가게에 갔는데, 작은 장난감 하나를 가지면서도

"고맙습니다"를 연신 이야기 하는 아들과는 달리 커다란 레고 장난감을 들면서도 더 큰 장난감을 사달라고 가지고 있는 것을 던지는 아이를 보았을 때, 참 비교가 되었다. 요즘에는 'NO KID ZONE'이 붙어 있는 식당이나 상점이 많다고 한다. 자녀를 황제처럼 키우니, 식당에서 민폐를 끼쳐도 아이 기죽일 까봐, 야단도 치지 않는 것이다. 아이가 원하는 것을 채워주는 것은 쉽다. 처음에는 작은 것을 요구하고, 그 다음에는 좋은 핸드폰, 좋은 노트북 .. 더 크고 좋은 것을 요구하는 게 사람의 마음이다.

"이런 장난감이 갖고 싶으니 빨리 회사에 가서 일하라" 고 이야기를 듣는다면 얼마나 마음이 아플까? 자녀에게 자제하라고 이야기 하지는 않는다. 부모인 우

리가 먼저 자제하면서 아이들을 대하고 키운 것이다. 벌써 초등학생인 우리 아들들이 얼마 전에 이런 이야기를 했다.

"아버지는 우리에게 자제하는 법을 선물해 주셨어요."

왼쪽으로 핸들을 돌리면 왼쪽으로 가야한다

왼쪽으로 핸들을 돌리면 왼쪽으로 오른쪽으로 핸들을 돌리면 오른쪽으로 가는 차가 좋은 차이다. 내 마음을 내가 컨트롤 할 수 없다면 불행한 삶을 살게 되는 것이다. 게임을 그만 하고 싶어도 게임에 빠져서 헤어나오지 못하는 사람들, 도박에 빠져서 모든 재산을 다 날리고 심지어는 다시는 도박을 하지 않겠다고 손가락을 잘라도 발가락을 이용해서 도박을 한다는 이야기가 있다.

차에 핸들과 브레이크가 고장이 나고, 속도만 빠르다고 좋은 자동차는 아니다. 속도를 내더라도 내가 원할 때는 브레이크를 잡으면 멈추는 자동차가 좋은 자동차이고, 브레이크 성능을 믿고, 더 빠르게 속도를 낼 수도 있는 것이다.

만약 알라딘의 요술램프처럼 여러분의 소원을 들어주는 램프가 있다면 얼마나 행복할까?

"주인님 어떤 소원을 들어 드릴까요?"

"로또 1등에 당첨되고 싶어요."

"좋은 회사 취직하고 싶어요."

"하루 종일 잠만 자고 싶어요."

"여자 친구 좀 사귀어 보았으면 좋겠어요."

"살 좀 빠지게 해주세요."

"먹고 싶은 것 마음대로 먹고 싶어요."

"성형수술 하고 싶어요."

"게임 좀 마음대로 하고 싶어요."

"최신형 노트북을 가지고 싶어요."

이 모든 소원이 이루어지면 행복할까요? 뉴스를 보면 242억 로또 당첨자가 사기꾼이 되고, 로또 18억 당첨자가 자살을 하고, 로또 242억 당첨자가 5년 만에 재산을 다 탕진하고 비참하게 사는 뉴스를 본다. 이 소원들이 잘못되었다고 이야기 하고 싶지는 않다. 칼이 좋은 주부에게 들려지면 맛있는 요리를 하게 되고, 범죄자에게 들려지면 안 좋은 일에 쓰여 지는 것처럼, 내 마음을 제어하지 못하고, 컨트롤 하지 못한다면, 이 모든 것이 도리어 내 삶에 행복을 주는 것이 아니라, 불행을 가져다 줄 수도 있는 것이다.

영화 반지의 제왕에서 나온 스미골도 반지를 손에 쥐면서, 점점 몰골이 괴물의 모습으로 변해가는 것을 보게 된다. 실제 지금 우리나라는 오래전에 비하면 경제 성장을 이룩해서 풍요로운 삶을 산다. 하지만, 삶의 만족이나 행복 수치는 낮다는 평가가 나왔다. 실제 아프리카가 우리보다 가난 하지만, 삶의 만족도가 더 높은 수치로 나오는 경우가 많다. 무엇인가를 채웠지만, 허무하고, 공허해서, 자살률이 높아지는 경우도 많다.

예전 어르신들 시대에는 쌀 밥 한 그릇만 먹어도 행복했다고 한다. 하지만, 지금은 그렇지 않다. 많은 것을 채웠는데도, 만족이 없고, 더 부족하게만 느껴지는 경우는 왜 일까?

부모 된 입장에서 더 좋은 음식, 더 좋은 옷, 좋은 대학을 보내고자 하는 경우가 많다. 하지만, 정작 가장 중요한 인성교육에 대한 부분은 소홀한 경우가 많다. 이 책을 통해서 다 표현 할 수는 없겠지만, 기회가 된다면 연락을 주시면 코칭과 강연을 통해, 더 많은 이야기를 하고 싶다.

어릴 때 배우면 더 좋은 자제하는 능력

언어를 어릴 때 배울수록 좋듯이 욕구를 자제하는 능력도 어릴 때 배워야 한다. 빌 게이츠의 자제력 교육법에서도

13세 이전 휴대폰 사용금지

컴퓨터 사용시간 하루 45분

온라인독립은 성인이 된 후 가능 이라고 쓴 기사를 보았다. 어릴 때 많은 학원을 보내는 것도 중요하지만, 좋은 인성과 자제력을 배울 수 있다면 더 멋진 인생을 살 수 있는 것이다. 좋은 인성과 마음 기능들을 제대로

사용하지 못하는 사람들은 많은 것을 소유하면 행복을 누리기보다 화를 불러올 확률이 높다.

1966년 스탠포드 대학의 월터 미셸 Walter Mischel 박사가 실시했던 마시멜로 실험에 참여한 남매 중에 동생 와이즈는 마시멜로 실험에서 두 개의 마시멜로를 얻기 위해 15분을 참아냈지만, 오빠 그레이그는 15분이라는 시간을 참지 못하고 눈앞에 있던 마시멜로를 먹어버렸고, 그 사소한 차이가 40년 후 그들의 운명을 갈랐다고 한다.

또 다른 실험은 2012년에 설레스트 키드 로체스터 대학교 교수가 발표한 마시멜로 실험이다. 키드 팀의 연구는 3~5세의 아이 28명을 대상으로 이뤄졌다. 연구자는 컵에 그림을 그리는 미술활동을 할 것이라고 말한 뒤 아이들을 책상 앞에 앉혔다. 책상 위에는 크레용이 놓여 있고, 연구자는 조금 기다리면 크레용 말고 다른 재료도 주겠다고 말했다. 몇 분 후 연구자는 실험 대상의 절반인 14명에게만 새 미술 도구를 주었다. 나머지 14명에게는 재료가 있는 줄 알았는데 알고 보니 없더라고 사과하면서 재료를 주지 않았다. 키드 팀은 앞서 미술 도구를 받은 14명을 신뢰환경으로, 미술 도구를 받지 못한 14명을 비 신뢰환경으로 분류했다.

이어 키드 팀은 실험에 참가한 아이들에게 미셸 박사가 했던 마시멜로 실험을 시행했다. 어떤 일이 벌어졌을까. 신뢰 환경에 속한 아이들은 평균 12분을 기다리다 마시멜로를 먹었다. 그 부류에 속한 14명의 아이들 중 9명은 15분이 지나도 마시멜로를 먹지 않았다. 반면 비 신뢰 환경에 속한 아이들은 평균 3분을 기다렸다. 15분까지 기다린 아이는 단 한 명뿐이었다.

 어른의 말이 믿을 만하다는 경험을 한 아이들과, 믿을 수 없다는 경험을 한 아이들 사이에 이런 차이가 생긴 것이다. 한 번 배신을 경험한 아이들이 두 번 속지 않으려 하는 것은 너무나 자연스런 행동이다. 언제 또 말이 바뀔지 모른다는 것을 경험으로 알고 있는 만큼 비슷한 상황에 닥쳤을 때 약속을 믿지 않는 것이다. 이런 상황에서 마시멜로를 바로 먹어버린 아이들을 참을성 없는 아이라고 단정 지을 수 있을까? 아이의 인성과 내면을 형성하는 것은 부모의 역할이 가장 중요한 것이다.

아이보다 중요한 부모의 역할

2013년 앞선 연구의 키드 교수를 비롯한 홀리 팔메리, 리처드 애슬린 교수 팀은 〈합리적인 스낵 먹기〉라는 논문을 통해 미셸 박사의 결론을 뒤집었다. '마시멜로를 빨리 먹는가, 늦게 먹는가'는 개인적인 인내심이나 자제력과 상관이 없으며, '15분을 기다리면 마시멜로를 하나 더 주겠다'는 연구원의 약속을 아이가 믿을 수 있는 환경에서 자랐는가 에 달려 있다는 것이었다.

예를 들어 생활이 불안정한 가정에서 태어나 언제 식사를 할지 모르는 상황에서 자란 아이들이나, 형제자매가 많아 식사 때마다 음식을 놓고 다투며 살아온 아이들이라면 눈앞의 음식을 놓고 기다리는 것은 바보짓이라고 여길 만하다. 이런 환경에서 자란 아이들에게는 15분 뒤의 약속은 아무런 의미가 없다. 나중에 먹을 수 있을지 없을지 모르는 일상을 살아왔기에 먹을 수 있을 때 먹어 둬야 한다고 생각한다. 이를 토대로 연구팀은 "불안정한 환경에서 자란 아이들은 먹는 게 남는 것이라고 생각하며, 안정적인 환경에서 자란 아이들은 약속이 지켜질 것이라고 믿고 기다리는 경향이 있다"고 분석했다.

아이에게 참을성이 없다고 말하기 전에 신뢰감을 주는 부모의 역할이 얼마나 큰 지를 알 수 있는 것이다. 그래서 필자는 누구에게 인성을 가르쳐 주기 위해서 강연을 하거나 책을 쓰는 것이 아니라, 바로 나 자신을 위해서 공부하고 연구하는 것이다.

나의 멘토가 들려준 이야기 중에 밭에서 일하다가 커다란 금덩이를 발견한 아주머니가 집으로 가져 오려다가 다시 땅에 묻은 이야기를 들려주었다. 금덩이를 가져와서 자식에게 주는 것은 쉽다. 하지만, 그 금을 관리하고 사용하는 법을 가르쳐 주는 것도 중요한 것이다. 금만 주다가는 도리어 화를 당할 수도 있는 것이다.

금덩이를 땅에 묻은 어머니

중국 어느 산골 마을에 어머니와 아들이 살았다. 아들이 산에서 나무를 해다 팔아 근근이 먹고 사는 매우 가난한 집이었다. 그날도 아들은 산으로 나무를 하러 가고, 어머니는 싸리비로 마당을 쓸고 있었는데, 얼마 전부터 마당에 커다란 돌덩이 하나가 삐죽 튀어나와 발에 걸렸다. 어머니가 호미로 돌 주위를 파보니 색깔이 범상치 않았다. 뭔가 싶어서 물을 떠다 닦아 보니까 커다란 금덩어리가 아니겠는가? 어머니는 도둑질하다가 들킨 사람처럼 가슴이 두근거려 금덩이를 얼른 다시 땅에 묻고 흙으로 덮었다.

그날부터 어머니는 잠을 잘 수 없었다.

'저 금덩이를 깨서 조금만 팔아도 집을 살 수 있겠다. 우리 아들 장가도 보낼 수 있을 테고…….'

그런 생각을 하느라 어머니는 몇 날 밤을 설쳤다. 아들은 어머니의 안색이 좋지 않은 것을 보고 걱정스럽게 물었다.

"어머니, 어디 불편하세요? 요새 밥도 제대로 못 드시고 잠도 못 주무시던데요."

"아니다, 아니야, 괜찮다."

여느 때처럼 아들은 나무하러 산에 가고, 어머니는 방에 앉아 생각에 잠겼다. 금덩이로 할 수 있는 일들을 상상만 해도 가슴이 벅차올랐다. 어머니는 다시 생각에 잠겼다.

'저 금덩이를 보고도 아들이 나무를 하러 갈까? 분명히 가지 않을 거야. 그러면 뭘 할까? 산 아래 마을의 부잣집 아들들은 주로 술집에서 노닥거리거나 노름을 하며 지낸다던데. 우리 아들도 지금은 성실하지만 금덩이가 있는 것을 알면 나무하러 가지 않고 부잣집 아들들과 어울려서 술 마시고 노름하며 지내겠지?'

어머니는 조금 더 깊이 생각해 보았다.

'아들이 노름해서 돈을 잃으면 나에게 금덩이를 달라고 조를 것이고, 안 준다고 하면 싸움이 나겠구나. 금덩이가 있으면 넓은 집에 살면서 귀한 음식을 먹고 좋은 옷을 입겠지만 아들과 나는 사이가 틀어지고 결국은 불행해지겠다!'

다음날, 어머니가 아들을 불러 말했다.

"얘야, 내가 요즘 밤마다 죽는 꿈을 꾼다. 이 집에 계속 살면 내가 오래 못 살 것 같으니 다른 곳으로 이사를 가고 싶구나."

"어머니, 그래서 그렇게 안색이 어두우셨어요? 그게 뭐 어려운 일이라고요? 오늘 당장 이사 가지요."

금덩이를 가지고 열심히 일하면서 잘 살면 될 것을 왜 버리는지 이해가 안 갈수도 있다. 사람은 누구나 잘 먹고, 잘 입고, 좋은 물건을 갖고 싶은 욕심이 있기 때문에 갑자기 큰돈이 생기면 성실하게 일하며 살기가 쉽지 않다. 하루아침에 억만장자가 된 복권 당첨자들 중 많은 사람이 불행하게 사는 것을 보면 잘 알 수 있다. 욕심과 욕구를 이길 수 있는 자제력이 없다면 아무리 귀한 것을 가지고 있어도 행복하게 살 수 없다. 하고 싶은 일을 참아보기도 하고, 하기 싫은 일을 마음 꺾고 해 보는 것이 여러분의 마음을 강하게 하고 인생을 가치 있게 만들어 준다.

제9장 행복은 가까이에 있다

　산책하면서 지나가고 있는데, 한 분이 나에게 선물을 주었다. 바로 네 잎 클로버였다. 책갈피로 사용한다면서 열심히 네 잎 클로버를 찾은 것을 나에게 선물해 주었다. 네 잎 클로버의 꽃말은 '행운'이다. 많은 사람들이 행운이 오기를 기다린다.

　어렸을 때, 내 손에 1억이 생긴다면 무엇을 살까? 하면서 종이에다가 사고 싶은 것을 적었던 기억이 난다.

아버지께서도 주택복권에 당첨되고 싶어서 매주 복권을 구입하시는 모습을 자주 보았다. 행운이 오기를 바라지만, 행운이 오지 않아서, 하루하루 절망 속에서 사는 사람들도 참 많은 것 같다.

하지만, 세 잎 클로버의 꽃말은 '행복'입니다. 네 잎 클로버를 따기 위해 수많은 세 잎 클로버들을 짓밟을 때가 많다. 수많은 행복 속에서 행운만을 찾고 있는 것은 아닌지 생각해 본다.

3일 동안만 볼 수 있다면

헬렌켈러는 생후 19개월, 볼 수도 없고, 들을 수도 없고, 말할 수 없는 3중장애를 가지고 태어나서 평생을 짐승처럼 살 수 밖에 없는 불행한 운명을 가지고 태어났다고 한다. 그의 가장 큰 소원은 3일만 본다는 것이었다.

첫째 날은 사랑하는 이의 얼굴을 보겠다.

둘째 날은 밤이 아침으로 바뀌는 기적을 보고 싶

다.

 셋째 날은 사람들이 오가는 평범한 거리를 보고 싶다.

 우리가 매일 누리고 있는 것을 당연하다고 생각하는 어떤 사람에게는 평생의 소원인 것이다. 오늘 내가 헛되이 보낸 하루는 어제 죽은 이가 그토록 원했던 내일일 수도 있는 것이다.

 행복은 큰 곳에서 오는 것이 아니다. 단지 내 마음의 위치가 어디에 있는가에 따라서 행복 할 수도 있고, 불행할 수도 있는 것이다. 아무것도 없어도 마음이 행복한 사람이 있고, 많은 것을 가졌는데도 불평하고 원망하고, 불행한 사람이 있는 것이다.

 승가원에 태호라는 아이의 영상을 본적이 있다.

 두 팔이 없는 아이다. 하지만, 너무 밝고 항상 웃으면서 다른 사람을 기쁘게 해주려고 노력한다.

 "팔이 없어서 불편하진 않아요?" 라는 질문에

 "괜찮아요 !!" 라고 답하는 태호를 보면서, 너무 대견해 보였다.

많은 자기 개발서가 나온다. 인맥 관리에 대해서, 교류하는 법에 대해서, 자기 관리에 대해서, 태만에 대해서, 자기 조절에 대해서, 행복에 대해서 여러 종류의 책이 나온다.

마음의 기능들을 다 배울 수는 없지만, 내가 부족하다는 것만 알게 되어도 마음은 낮아지고, 다른 사람들과 어울리게 되고, 교류하면서 좋은 인맥을 만들게 된다. 그리고, 좋은 대화로 이어지고, 삶은 행복해 지는 것이다. 내가 남들보다 잘났다고 생각하는 순간 태만해 지고, 나태해지고, 교류가 차단이 되고, 대화가 단절이 되고, 불행해 지는 결과를 초래한다.

많은 강사들도 자기의 부족함을 알고 교류하고 연구하는 것이 아니라, 조금 유명해 지면 골프치고, 나태 해지는 사람들도 많이 보게 된다. 사람들은 자신을 볼 때, 남들보다 점수를 높게 준다. 정확하게 나에 대해서 평가를 할 수 없는 것이다. 정확하게 평가를 하려면 나보다 앞선 멘토를 만나야 알게 되는 것이다.

여러분에게 그런 멘토가 없다면 찾고, 찾으면 그

를 옆에 두고 많은 것을 묻고 배우게 되길 바란다.

구두수선공의 행복한 노랫소리

옛날에 부자와 가난한 구두 수선공이 한 건물에 살았다. 부자는 매일같이 벌어들인 많은 돈을 세느라고 밤늦게까지 일하고 또 잠자리에 들어도 도둑이 올까봐 제대로 잠을 이루지 못했다. 반면에 가난한 구두 수선공은 수선을 부탁 받은 구두들을 보면서 일감이 있다는 사실에 기뻐하며 늘 노래를 흥얼거렸다. 구두 수선공의 노래가 귀에 거슬린 부자는 어떻게 하면 그의 노래 소리를 멈추게 할까 고민하다가 한 친구의 조언을 듣고 금화 100파운드의 돈을 구두 수선공에서 주었다.

분에 넘치는 큰돈을 받은 구두 수선공은 그날부터 그 돈 때문에 마음이 불안하여 노래가 나오지 않았다. 내막을 알게 된 아내는 남편에게 "그 돈을 당장 돌려주세요. 그러면 우리는 다시 행복해질 거예요"라고 조언했다. 그리하여 이 구두 수선공은 돈을 다시 돌려주고 행복을 다시 찾았다고 한다.

행복은 멀리 있는 것이 아니라, 아주 가까이에 있는 것이다.

예전에 미래에 대한 상상을 만화영화로 표현 한 것을 보았는데, 알약만 먹어도 배가 부르는 약을 개발해서 바쁜 일상에 시간 들여서 밥을 먹지 않고, 알약 하나 먹으면서 해결되는 내용이었다. 하지만, 편하게 알약으로 해결하지만, 한편에서는 가족과 웃으면서 식사를 하는 장면과 대조 시켜서 보여주는 장면이었다. 알약을 먹어서 편하고 간단하지만, 가족과 웃으면서 대화하고, 음식으로 인해서 웃으면서 행복해 하는 시간이 없어진 것이었다.

바쁜 일상 속에 시간이 없다고 정신없이 살아가는 사람들이 많다.

"정말 무엇을 위해서 달려가고 있는가?"

"돈은 왜 필요한 것인가?"

"성공은 왜 이루려고 하는가?"

행복한 가족, 함께 마음을 나누는 사람들이 없다

면 이 모든 것을 다 갖추어도 마음이 행복하지 않을 것이다.

자신이 잘났다고 생각을 하면 남을 무시하게 되고, 사람들은 여러분을 떠나게 된다. 행복하게 사는 부부관계에서 이런 글귀가 있다.

"사랑하는 딸아, 네가 남편을 왕처럼 존경한다면 너는 여왕이 될 것이다. 그러나 남편을 돈이나 벌어오는 머슴처럼 여긴다면 너는 하녀가 될 것이다. 네가 자존심을 내세워 남편을 무시하면 남편은 폭력을 휘두르는 폭군이 될 것이다. 남편의 말에 정성을 다해 공손히 대답하면 남편은 너를 소중히 여길 것이다. 남편 친구가 집에 놀러 오면 남편을 말끔하게 단장 시켜라. 남편 소지품을 귀하게 여기고 가정에 마음을 두어라. 그러면 남편이 네 머리에 영광의 관을 씌어 줄 것이다."

실제로 잘나지 않았는데, 본인 스스로만 자기의 점수를 높게 채점을 해서 어려움을 겪는 경우가 많은 것이다.

나 병신 맞아. 그러니까 너희들이 날 도와야 해

구족화가로 유명한 최웅렬 화백은 어려서부터 뇌성마비로 불구였다. 학교를 다닐 때에 급우들이 늘 놀리고 심하면 때리기까지 했다는 것이다.

최 화백은 그런 일을 당한 날이면 죽고 싶을 정도로 분하고 원통했다. 뇌성마비로 말도 어눌하고 사지는 뒤틀려서 밥도 발가락 사이에 수저를 꽂아서 먹어야 했다.

병신이라고 놀리거나 뒤통수나 등짝을 한대씩 때리면 말은 못해도 그 놈을 죽이고 싶을 만큼 속에서 핏발이 섰고 나중에는 출생을 저주하곤 했다.

어느 날도 그런 일을 당해 방에서 분을 참고 삭이다가 거울을 보니, 사지가 뒤틀린 자기 모습이 한눈에 보였다.

순간, "난 병신이 맞구나!" 라는 마음이 들었다.

다음 날 학교에서 급우들이 모인 가운데 할 말이

있다며 어눌하게 말을 이어갔다.

 "난 사실 너희들이 놀릴 때마다 분했는데,

 잘 생각해 보니 난 병신이더라.

 나 병신 맞아. 그러니까 너희들이 날 좀 도와줘야 해!"

 그 말을 듣고 갑자기 분위기가 숙연해지면서 급우들 모두가 부끄러워서 어쩔 줄 몰라 했다. 모두가 한 대 얻어맞은 것처럼 충격을 받았다. 약간의 침묵이 흐른 후에 아이들이 한 사람씩 말했다.

 "웅렬아, 미안하다! 다시는 안 그럴게!"

 "그래 우리가 너무 잘못했다. 앞으로 너를 도울게!"

 그 후 최 화백은 급우들의 도움을 받으면서 학교를 잘 다닐 수 있었다고 한다.

제10장 한계를 넘는 마인드

 큰 도전이 아니더라도 작은 시작을 하시는 분들은 위대하다고 본다. 어떤 새로운 것을 배울 때, 그것을 배우지 못한다는 핑계와 이유를 찾지 말고, 배울 수 있게 멘토를 찾아 나선다면 더 멋지게 성장해 있는 자신을 발견하게 될 것이다.

 1970년에 열린 역도 선수권 대회에는 전 세계의 이목이 집중되어 있었다. 세계기록을 80번이나 갈

아치우던 러시아의 바실리 알렉세이프가 인간의 한계를 넘을 수 있을지 궁금했기 때문이다.

당시 역도계에선 227키로그램인 500파운드를 절대로 넘을 수 없다는 것이 정설 이었다. 그러나 바실리였기에 어쩌면 가능성이 있다고 사람들은 생각했다. 대회당일 1차시도만으로 우승을 확정지은 바실리는 마지막도전에서 500파운드가 아닌 499파운드로 도전했다. 연습할 때 한 번도 성공한 적이 없었기에 그나마 최대한 근접한 무게를 성공시켜 다음세대에 희망을 주려는 것 이었다. 다행히 499파운드는 성공했지만 장내에서는 탄식이 흘렀다. 그런데 바실리가 퇴장하기 직전에 안내방송이 나왔다.

"아, 아, 여러분"

"주최측의 실수로, 역기의 무게가 잘못 측정 되었습니다."

"방금 알렉세예프 선수가 들어 올린 역기는"

"499파운드가 아니라, 501.5파운드입니다. 정정합니다."

장내에 환호성이 울려 퍼졌다. '인간의 한계'가 깨진 것이다. 그리고 놀랍게도 '인간의 한계'로 여겨졌던 500파운드를 뛰어넘은 사람이 알렉세예프 선수 이후, 그 해에만 6명이 나왔다.

로너 배니스터라는 선수의 이야기도 있다.

1950년대 중반까지 육상계에 잘 알려진 통설이 있다. 그것은 바로 인간은 1마일을 4분 안에 달릴 수 없도록 설계되었다는 것이다.

1) 기존의 고정관념: 1마일을 4분 안에 뛴다면 인간의 심장은 견디지 못하고 파열할 것이다.

2) 새로운 생각: 아니야, 의대생인 내 생각에 이건 사실이 아니라고 판단되므로 내가 도전해 보겠다.

1954년 5월 6일, 25세의 배니스터는 1마일 육상 경기에 출전했다. 그는 자신의 훈련 방법대로 뛰었는데, 특이할 점은 결승선 210m전부터 전력 질주하는 방식이었다는 것이다. 결국 2등과의 압도적인 차이를 내며 3분 59초 4의 기록으로 세계 신기록을 세우게 됩니다. 기존의 통설을 인정하지 않으면

한계를 넘는 마인드

서 생각했던 것을 실제로 이뤄낸 정신적 승리의 역사적 순간이었다. 그런데, 더 놀라운 일은 사실 이제부터 시작된다. 배니스터가 4분의 기록을 깬 것이 큰 파급을 낳기 시작한다. 기존의 모든 육상 선수들은 4분을 1마일 달리기의 한계라고 규정했었다. 그런데 배니스터가 이를 깨자 인간의 한계라는 마음의 벽이 허물어 진 것이다. 배니스터의 기록 달성 후 한 달 만에 10명, 1년 뒤엔 37명, 2년 뒤에는 300명이 마의 4분을 넘어섰다. 배니스터는 이렇게 말했다.

"당신이 하지 못한다고 말하면 당신이 맞습니다. 당신이 할 수 있다고 하면 그것도 맞습니다. 선택은 당신에게 달려있습니다"

인생의 변화를 주는 멘토가 있는가?

이렇게 한계를 넘어가는 사람들이 세상에는 많다. 이런 사람들을 보면서 한계를 넘어가라고 말하고 싶지 않다. 세상에는 나보다 뛰어난 사람들이 아주 많지만, 실제 그렇게 살아가기는 너무나 힘들 때가 많다. 하지만, 나를 응원해 주고, 나를 이끌어 주고, 뒤에서 밀어주는 사람들이 있다면 상황은 달라진다. 내가 한 걸음씩 걸을 수 있고, 도전할 수 있는 모든 힘은 나를 지지해 주고, 함께 해주는 가족이 있고, 주변사람들이 있기 때문이다.

힘들 때, 응원해 주고 세상에 모든 사람보다 아빠를 슈퍼맨으로 생각하는 우리 아들들이 있기 때문에 어떤 상황에서도 나는 한걸음 더 걸어 갈수 있는 것이다. 그리고, 나를 이끌어 주는 멘토를 주변에 많이 두고 있다. 사람은 언제든지 넘어 질 수 있는 것이다. 실수할 수도 있고, 포기하고 싶을 때도 있다. 그리고, 운이 따르지 않아서 한 순간에 어려워 질 수 있는 것이다.

사냥개들이 시베리아 호랑이를 절대 이길 수 없다고 한다. 하지만, 이기는 사냥개들이 있는데, 그것은 주인을 믿는 믿음에서 오는 힘이라는 것이다. 사냥개들이 싸울 때, 주인은 뒤에서 총을 하늘을 향해 쏘면서, '너의 뒤에 내가 있다. 너희들이 설령 잘못되면 내가 도와준다.'라는 신호를 보낸다. 그러면

주인을 믿는 믿음으로 사냥개는 시베리아 호랑이를 이긴다고 한다.

 혼자서는 넘을 수 없는 많은 한계들을 멘토와 함께라면, 나를 응원해 주는 분들과 함께라면 더 쉽게 넘어 갈수 있는 것이다.

 마이크 타이슨도 멘토인 커스다마토가 있을 때는 훌륭한 복서로 이름을 세상에 알리었고, 멘토인 커스다마토가 없을 때는 돈과, 여자, 마약으로 형편없는 선수가 되어버리기도 하는 것이다. 마이크 타이슨은 악명 높은 소년범으로 총 51회 체포경력(9~12세) 으로 뉴욕 소년원에서 복싱을 알게 되었다. 소년원 복싱코치 밥 스튜어트가 재능을 알아보고 커스다마토에게 데려간 것이다.

 "두려움은 친구이자 적이다. 그것을 인정하고 받아들여라! 영웅과 겁쟁이 둘 다 두려움을 느낀다. 그러나 영웅은 그 두려움과 싸우고 겁쟁이는 피할 뿐이다."는 명언을 남긴 커스다마토는 복싱 뿐 아니라, 마이크 타이슨에게 좋은 인성과 마인드도 교육해 준 것이다. 멘토이자 코치 커스다마토는 타이슨이 16세 때 어머니를 잃자, 커스다마토가 양자로 받아들여서 정말 신뢰하고 서로 아끼는 사이가 된다.

"내가 처음으로 신뢰한 사람, 그의 인생을 나에게 걸었고, 나는 그에게 인생을 바쳤다."

그 후, 마이크 타이슨은 '핵주먹'이라는 타이틀이 붙여지고, 20세에 WBC헤비급 최연소 세계챔피언에 등극 했고, 21세에는 WBA, IBF 타이틀을 모두 획득 하면서 3개 복싱 단체 타이틀을 통합했고, 프로전적으로는 54번 경기에서 50번을 승리한다.

하지만, 커스다마토가 세상을 떠나면서는 돈 킹을 만나면서는 타이슨의 운명은 180도 바뀌게 된다. 절제력을 잃은 사생활, 프로모터들과의 거듭된 소송...

세계에서 가장 강한 주먹을 가지고 있지만 누구보다 약하고 불안정한 내면세계를 가지고 있던 타이슨이었던 것이다. 그에게 무엇보다 필요한 것은 그를 진심으로 아껴주고 사랑해줄 존재였다.

타이슨을 아끼는 사람들은 입을 모아 말한다.

만약 커스다마토가 10년만 더 살았더라면 지금

타이슨의 삶은 완전히 달랐을꺼라고...

 '한 소년이 불씨와도 같은 재능을 갖고 내게로 왔다. 내가 그 불씨에 불을 지피자 불길이 일기 시작했다. 키울수록 불은 계속 타올랐고, 결국 찬란히 빛나며 활활 타오르는 아름다운 불꽃이 되었다. 이것이 바로 작은 불씨만으로도 누군가의 인생을 완전히 바꾸어 줄 수 있는 우리의 위대한 힘이 아니겠는가'

 커스다마토의 묘비의 문구이다. 커스다마토는 타이슨의 가치를 높게 올려 준 것이다.

 생에서 닥치는 수많은 문제들을 혼자서는 감당할 수가 없는 것이다. 누구를 나의 멘토로 두는가에 따라서 삶이 완전히 달라지는 것이다. 성경말씀에도 다윗이라는 인물이 나온다. 그는 자신의 부하인 우리야의 아내를 간음했을 때, 인도자 나단선지자의 충고와 책망을 받았다. 그리고, 다시 돌이키면서 끝까지 은혜를 입는 모습을 본다. 또 다른 인물로는 힘이 센 삼손이 나온다. 삼손은 결국에 들릴라라는 여자의 꾀임에 빠져서 두 눈이 뽑히는 비참한 결과를 맞게 된다. 다윗에게는 잘못된 길로 갈 때 잡아주는 멘토와 같은 선지자 나단이 있었고, 삼손은 아무도 없었던 것이다.

누구를 만나느냐? 어떤 환경을 만나느냐?

인생은 내가 얼마만큼 노력하는 것도 중요하지만,

"누구를 만나느냐"

"어떤 환경을 만나느냐?"는 더 중요한 것이다.

코이라는 물고기가 있다. 환경에 따라서 자라는 크기가 다른 것이다. 어항에 있을 때는 10cm밖에 안되고, 연못에 있을 때도 30cm정도밖에 안되지만 강물로 가면 100cm로 크게 자라는 물고기다. 내 인생에 나를 행복하고 멋지게 이끌어 주는 멘토가 있다면 얼마나 멋질까? 헬스장에만 간다고 운동을 잘하게 되는 것이 아니다. 멋진 코치를 만날 때, 더 빛이 나는 것이다. 탁구도 무조건 쳐야 실력이 늘어

한계를 넘는 마인드

나는 것이 아니다. 반드시 가르쳐주는 스승과 같은 멘토가 있어야 하는 것이다.

멘토란 현명하고 신뢰할 수 있는 상담 상대, 지도자, 스승, 선생의 의미로 쓰이는 말이다.

영국 출신의 무용가이자 안무가인 질리언 린이 얼마 전 92세의 일기로 별세했다. 뮤지컬 거장인 작곡가 앤드루 로이드 웨버는

"질리언 린 덕분에 뮤지컬 속으로 춤이 들어왔으며, 3세대에 걸쳐 영국 뮤지컬이 그녀에게 큰 빚을 졌다"고 말했다. 로이드 웨버는 기존의 '뉴런던 극장'을 올해 초 '질리언 린 극장'이라고 새로이 개장했다. 그녀는 런던 웨스트엔드와 뉴욕 브로드웨이에서 가장 영향력 있는 안무가로 평가 받아 왔으며, 마지막 안무 연출 작품은 2005년 브로드웨이에서 공연된 '키티 키티 뱅뱅'이다. 2013년 올리비에 어워드 평생공로상, 대영제국훈장과 함께 '데임'(Dame) 기사작위를 받았다.

1930년대 영국의 한 초등학교, 질리언 린은 초등학교 시절 일종의 학습장애를 겪고 있었다. 잠시

도 가만히 있지 못하는 그녀는 1학년 때부터 선생님들의 골치 덩어리였다. 떠들고 다니는 것뿐만 아니라 과제제출도 하지 않으니 성적은 늘 꼴찌였다. ADHD(주의력 산만증)가 심한 아이로 보이는 질에게 교장 선생님은 질리언 린의 부모에게 장애아를 위한 특수학교에 다니는 것이 더 적합할 것이라고 권고했다.

질리언 린의 부모는 학교의 편지를 받고는 최악의 경우를 다짐하며 그녀를 심리상담가에게 데려갔다. 질리언 린의 움직임을 눈여겨 본 상담가는 대화가 끝나고는 부모를 데리고 옆방으로 가서 몰래 그녀의 움직임을 지켜보게 했다. 질리언 린은 아무도 없자 소파에서 일어나 음악에 맞추어 몸을 움직이며 방을 돌아다니기 시작했다. 그녀의 움직임은 타고난 아름다움과 자연스러움 이었다. 마침내 상담가는 질리언 린의 부모에게 말했다.

"지금 춤을 추고 있는 저 아이를 보세요. 저 아이는 댄서입니다. 댄스 스쿨에 보내도록 하세요." 어린 질리언 린은 상담가의 권유로 댄스 스쿨에 가게 되었고, 그때의 심정을 이렇게 말했다.

"너무나 환상적이었어요. 교실에 들어갔더니 저처럼 가만히 앉아 있을 수 없는 사람들과 생각을 몸으로 표현하는 사람들로 가득 차 있었죠.."

초등학교 때 문제아로 낙인찍힌 질리언 린은 훗날 가장 성공한 안무가가 되었다. 우리에게도 너무나도 익숙한 '캣츠'와 '오페라의 유령'등 가장 성공한 뮤지컬을 여러 편 제작했다.

영화 파파로티의 장면에서도 한 평생 건달로 일생을 마감할 수 있는데, 좋은 멘토인 선생님을 만나면서, 훌륭한 성악가로 재탄생되는 것이다. 이렇듯 누구를 만나는 가에 따라서 인생은 완전히 달라지는 것이다. 인생에 성공을 위해서 도서관에서 공부를 하는 것도 중요하다. 많은 사람들과 교류하면서 인생의 좋은 인맥을 형성하는 것은 더욱 중요한 것이다. 어떤 멘토와 함께하는 가에 따라서 넘을 수 없는 한계도 넘게 되고, 숨겨진 나의 가치도 올라가면서 더 빛나게 되는 것이다.

성경말씀에 예수님의 제자들이 배를 타고 가는데, 밤에 바람과 파도로 고생을 하는 장면이 나온다. 바다 위로 예수님이 걸어서 오는 것을 보고 놀라 유령이라 하며 무서워 소리 지른다.

  그 때 예수님께서 '안심하라 내니 두려워 말라'고 이야기한다. 베드로는 예수님이시면 나에게 '물위로 오라' 말씀해 달라고 부탁한다. '오라' 하니 베드로가 배에서 내려서 예수님한테 가는 장면이 나온다. 다른 제자들은 아무도 물위로 못 걸어 보았는데, 혼자서 물위를 걷는 모습이 얼마나 뿌듯하고, 행복했을까? 하지만, 바람이 부니 무서워서 바다 속으로 빠져 들어가니, 예수님이 손을 다시 잡으면서, 믿음이 적다고 이야기 한다. 믿음이 있을 때는 바다 위를 걷지만, 믿음이 없으면 빠질 수밖에 없는 베드로이지만, 예수님의 손에 잡힌 베드로는 항상 예수님과 함께 바다 위를 멋지게 걸을 수 있는 것이다. 베드로가 믿음이 있고 없고가 중요한 것이 아니라, 예수님의 손에 잡혀 있느냐가 중요한 것이다. 예수님의 손에만 잡히면 언제든지 어디서든지 문제가 없는 것이다. 행복한 인생을 살 수 있게 되는 것이다.

  삶 속에 혼자서 잘 되는 것처럼 보이지만, 하루아침에 인생에서 실패하는 경우가 많다. 나를 항상 잡아 주고 이끌어 주는 예수님과 나를 지지해 주고 응원해 주는 멘토와 주변에 많은 분들이 내 곁에 있기 때문에 항상 멋지게 걸을 수 있는 것이다.

온 몸에 암이 퍼진 선생님을 위해서 제자들이..

학생들에게 사랑을 주는 것이 '가장 큰 행복'이라는 로페즈 선생님이다. 항상 학교에 가장 먼저 나와서 가장 늦게 들어가는 선생님으로 유명했다. 그러나, 그녀의 가슴 속에서 암세포가 발견된 것이다. 수술을 했지만, 암세포는 온 몸으로 퍼졌고, 항암치료를 시작해야만 했다. 그러나 아이들을 가르치기 위해 학교를 포기하지 않는다. 제자들은 그런 선생님에게 감동을 받는다.

"선생님에게 정말 감동 받았어요"

"선생님은 제 영웅입니다"

"선생님과 언제나 함께 할 겁니다. 정말로 사랑해요"

"알려지지 않은 영웅이십니다. 우리는 그녀에게 감사합니다."

다른 교사인 합창단 선생님은 투병중인 선생님께 조금이라도 힘이 되고 싶었다. 그는 제자들과 몰래 깜짝 노래 선물을 준비하기로 한다. 그리고 며칠 후, 갑작스럽게 음악실로 초대받은 로페즈 선생님은 제자들의 노래를 들으면서 수화기를 떨어뜨리고, 눈물을 왈칵 쏟는다.

의사는 막, 그녀가 두려워하던 것을 확인해 주었죠.

우린 수화기를 줍고 그녀를 꼭 안아주었어요.

♩ ♪ 🎵 우린 선생님이 두려워하는 거 알아요.

우리도 그러니까요. 하지만 약속해요

선생님은 절대 혼자가 아닙니다.

선생님이 약해지면 우리가 강해질게요.

선생님이 포기하면 우리가 잡아 드릴께요.

선생님이 울어야 한다면,

맹세코 눈물이 마를 때 까지 곁에 있을게요.

그녀는 말했죠.

내가 더 이상 해낼 수 있을지 모르겠다고.

그러나 우린 목소리를 높여 노래했죠.

그래서 우리 사랑이 있는 것이라고.

길을 잃고 죽음이 두려워지면 한 발짝도

나아갈 수 없을 것 같다면,

제 손을 잡으세요.

우린 함께 할 수 있어요.

난 끝까지 당신을 사랑할거에요.

우린 끝까지 선생님을 사랑할거에요 ♩ ♪ ♬

그 후, 선생님은 쉽지 않겠지만, 끝까지 이겨내겠다고 약속한다.

"힘들지만, 끝까지 이겨내겠습니다. 왜냐하면 나에겐 이런 훌륭한 친구들이 있으니까요."

1년 후, 그녀는 몸이 건강히 회복되어서, 지금은 행복한 삶을 살고 있다. 앞에서 이끌어 주는 멘토가 있고, 옆에서 함께 하는 많은 이들이 있다면, 어떤 어려움도 문제도 넘을 수 있는 것이다.

강풍에도 쓰러지지 않는 나무

미국 캘리포니아에는 지구상에서 가장 높이 자라는 나무인 '레드우드' 나무가 서식하고 있다. 레드우드의 평균 높이는 112m 이상이고, 직경은 7m정도로 아파트 30층 높이와 비슷하다.

'레드우드' 나무는 보통 2,000년 이상 살 수 있다고 알려져 있으며, 성숙한 나무의 나이는 500~800년 가량 됩니다. 레드우드는 이름 그대로 적갈색을 띤 침엽수로, 나뭇결이 아름답고 색채가 고르며 착색 효과가 좋아 무늬목, 목재, 문이나 창틀, 벽판의 제작 등에도 쓰이고 부식에 강해 옥외용 가구에도 광범위하게 쓰인다고 합니다. 하지만 이 거대한 '레드우드' 나무를 지탱하는 뿌리의 깊이는 겨우 3m

정도밖에 되지 않는다. 이 작은 뿌리가 어떻게 큰 나무를 지탱할 수 있을까? 그 이유는 나무의 뿌리가 서로 얽혀있기 때문이라고 한다. 그래서 거센 강풍이 불어도 함께 지탱하며 견뎌낼 수 있는 것이다. 시속 50km가 넘는 강풍으로 거목들이 쓰러져도 '레드우드' 나무가 군락을 유지하면서 지구상에서 가장 높이 자랄 수 있는 것은 바로 이렇게 서로서로 도와주기 때문이다.

'레드우드' 나무가 가진 놀라운 점은 이뿐만이 아니다. 큰 나무는 영양분을 혼자 차지하지 않고 어린 나무가 잘 자랄 수 있도록 나누어 줍니다. 성목은 자신의 가지를 스스로 꺾어 어린 나무들이 자랄 수 있도록 공간을 만들어 주고 양분을 제공한다. 그래서 '레드우드' 나무의 별명은 '더불어 사는 나무'인 것이다.

나만 행복하게 하려는 마음이 아닌 주변을 둘러보며 옆에 있는 사람들을 서로 돕고 함께 한다면, 여러분 주위에 정말 많은 사람들이 몰려들기 시작할 것이다.

가시나무에는 그늘도 없고, 쉴 공간도 없지만, 작

은 씨앗이 심겨져서 아름다운 나무가 되고, 잎이 풍성해지고, 열매를 맺는다면 새들이 찾아오게 되고, 사람들이 나무 곁으로 찾아와서 쉬는 쉼터가 되는 것이다. 쉼터가 되는 아름드리 나무가 있고, 남에게 상처를 주는 가시나무가 있는 것이다. 이 책을 통해서 여러분의 마음이 자라고 다듬어 지고, 가꾸어 져서 아름다운 인성을 가진 사람들이 되길 바란다. 그래서 여러분 주위로 많은 사람들이 찾아와서, 마음에 문제를 해결하고 갈수 있는 훌륭한 멘토 같은 사람이 되길 바란다.

성경말씀에도 이런 말씀이 있다.

'한 사람이면 패하겠거니와

두 사람이면 능히 당하나니

삼겹줄은 쉽게 끊어지지 아니하느니라'

내 마음을 알아주는 사람이 생겼으면

예전에 학교 사감으로 있었을 때의 한 학생이 상담을 요청했다. 행복한 가정을 꿈꾸어 왔는데, 부모님의 이혼으로 새엄마를 맞이하게 된 것이다. 새엄마는 예전 엄마하고 달리 큰 잘못을 하지 않았는데도, 많이 혼을 냈다고 한다. 그럴 때 마다

'우리 엄마가 아니라서, 나를 사랑하지 않는구나.'라고 생각을 하고, 자신을 사랑해주고 이해해 주는 사람이 필요했는데, 새엄마한테 혼날 때 마다 할머니는 내 편이 되어서, 나를 보살펴 주고, 감싸주셨다. 할머니는 학생의 인생에 없어서는 안 되는 존재였던 것이다. 그러다가 중학생이 되어서 기숙사형 학교에 들어가서, 할머니하고도 헤어져야 했던 것이다.

학교에서는 잘 적응하고 지낼 것이라고 생각했는데, 친구들하고도 잘 어울리지 못하고, 선생님의 작은 야단에도 마음을 닫고 이야기를 하지 않았다. 상담을 하면서 학생의 마음이 이해가 가기 시작했다.

새엄마는 당연히 친엄마보다는 잘 해줄 수는 없지만, 마음을 다해서 친딸처럼 대하면서, 야단도 치고 잘 가르쳐 주려고 했던 것이다. 그런데, 학생의 입장에서는 새엄마이기 때문에 자신을 싫어한다는 생각에 자신에게 늘 잘해주는 할머니가 좋았던 것이다. 하지만, 학교에 와서는 자신에게 늘 잘해주는 할머니가 안 계시고, 친구들도 선생님들도 본인의 마음에 다 맞지 않았던 것이다.

남들이 다 나에게 맞추어 주어야 하는 것이 아니다. 내가 다른 사람들에게 맞추어야 할 때가 더 많은 것이다. 인생을 지내면서 나에게 늘 잘해주는 할머니 같은 분에게 피하지 말고, 어렵지만, 다른 사람들도 조율해야 한다는 이야기를 하면서, 학생은 아주 많이 밝아지고, 다른 친구들과 선생님들과 잘 어울리게 되었다.

모두가 여러분의 마음을 다 알지는 못한다. 마음에 안 맞는 사람도 있고, 이해가 안가는 사람도 있다. 여러 많은 사람들과 어울리면서 멋진 인생을 설계하길 바란다.

제11장 하루를 사는 의미있는 삶

　하루를 산다는 것이 얼마나 의미 있는 일인가? '쉰들러 리스트'라는 영화는 1,100명의 폴란드 유대인의 목숨을 구한 나치 사업가 오스카 쉰들러에 관한 이야기다. 영화를 보면서 생명의 소중함을 많이 느끼게 하는 영화이기도 했다. 중간에 어린아이들이 가스실에 끌려가서 죽지 않기 위해서, 재래식 화장실로 들어가서 똥이 잔뜩 있는 곳에 몸을 숨기는 모습을 본다.

몸이 허약하거나 안 좋은 사람들은 일을 하지 못하고, 바로 처형당하기 때문에 조금이라도 생기 있게 보이기 위해서 손가락에 피를 내어 볼과 입술에 바르는 장면도 나온다. 생명은 이렇듯 누구에게든지 소중하고 귀한 것이다. 마지막에 쉰들러가 우는 장면이 나온다.

"더 살릴 수 있었어, 더 살릴 수 있었을 지도 몰라, 좀 더 구할 수 있었을 거야. 좀 더 구할 수도...."

"당신 덕분에 천 백명이 살았어요. 보세요."

"돈을 좀 더 벌었더라면.... 난, 난 너무 많은 돈을 낭비했네. 자넨 상상도 못해. 내가 만약...."

"사장님 덕에 많은 후손이 태어날 겁니다."

"충분하지 못했어."

"그 이상을 하셨어요."

이렇듯 오스카 쉰들러는 많은 유대인들을 살린 영웅이고, 그 많은 유대인들의 후손은 지금도 쉰들러의 무덤을 찾는 모습을 보는 것이다.

생명을 구한 윈턴의 열차

669명의 아이들을 구한 윈턴의 열차에 대한 이야기이다.

윈턴은 런던의 증권 중개인이었다. 1938년 12월 스위스로 스키 휴가를 가려다 체코슬로바키아에 있는 친구의 요청으로 프라하로 갔다. 윈턴은 그곳에서 유대인들의 참혹한 삶을 목격했다.

나치 대원들은 유대인 가게를 약탈하고 유대교 회당의 불을 지르며 집단 학살했다. 그가 보기엔 유대인들은 도망갈 곳이 없었다. 윈턴은 유대 아이들은 영국 이민이 가능하다는 사실을 발견했다. 17세 이하의 유대인 고아들은 입양할 집만 있다면 영국으로 입국할 수 있었다. 윈턴은 영국으로 돌아와 양부모를 모집했다. 기차 편을 마련할 돈도 모금했다. 모두 900명의 체코슬로바키아내 유대 아이들을 탈출 시킨다는 계획이었다. 드디어 1939년 3월 14일, 20명의 유대인 아이들이 처음으로 기차에 올랐다. 플랫폼은 눈물로 뒤덮였다. 아이들은 부모에게 자신을 보내지 말아달라고 애원했다. 아이들을 보낼 수 밖에 없는 부모들도 절규했다.

8편의 기차 중 7편이 북해를 건너 영국 리버풀에 도착했다. 669명의 아이들이 구조됐다. 하지만, 1939년 9월 250명의 아이들이 탔던 마지막 기차는 영국으로 향할 수 없었다. 바로 그날 히틀러가 폴란드를 침공하면서 기차는 멈춰야 했다. 구조된 아이들은 이제 70~80대가 되었다. 그들은 여전히 자신을 '윈턴의 아이들'이라 부른다. 영화 '프랑스 중위의 여자'의 감독, 카렐 레이즈 이스라엘 에어포스의 설립자, 휴고 마롬 '아이들의 진주' 저자, 베라 기싱 유전학자 레나타 락소바.... 모두 윈턴의 아이들이다.

윈턴의 이야기는 묻힐 뻔했다. 그가 이 사실에 대해 입을 열지 않았기 때문이다. 하지만, 당시 기록을 담은 스크랩북을 발견한 아내의 권유로 50년이 지난 1988년에서야 세상에 알려졌다.

열차에 대한 이야기이다. 인생을 살면서 나의 행복도 중요하지만, 더 많은 사람들을 행복하게 해주는 인생을 사는 것은 너무 가치 있는 일이다.

한국의 쉰들러로 불리는 현봉학 박사

한국의 쉰들러로 불리는 현봉학 박사가 있다. 현봉학 박사를 잘 모르는 사람이 많을 것이다. '국제시장' 영화에 등장하는 그는 흥남철수작전에서 에드워드 알먼드 미군 10군 단장을 끝까지 설득하여 선박 194척을 동원해 피난민 9만 8천여명의 생명을 구했다. 전쟁 발발 한 달여 만에 낙동강까지 밀려났던 국군과 유엔군은 인천상륙작전을 기점으로 38도 분계선을 넘어 북진을 계속한다. 그러나 중공군이 투입되면서 전황은 급변했고 국군과 유엔군은 다시 후퇴를 하게 되죠. 결국 1950년 12월 23일, 전쟁사에 남은 해상 철수작전이 결정된다. 영하 30도를 밑도는 혹한의 날씨 속에 10만여 병력이 대기 중이던 흥남항. 이곳에는 약 9만 8천여 명에 이르는 민간인 피난민들도 모여 있었다. 게다가 이들 대부분은 유엔군에 협조를 했던 사람들이다. 유엔군과 함께 철수하지 못하면 죽을 수도 있었다. 당장 군사들을 철수시키기에도 빠듯한 상황에서 작전을 책임진 소장은 민간인들까지 승선시킬 수 없다고 판단했다. 그 때, 통역관으로 일하던 현봉학 박사가 소장을 찾아간다.

"이대로 철수하면 저 사람들은 다 죽습니다."

현봉학 박사는 적들이 사방을 포위해 쳐들어오는 상황에서 민간인들을 버리고 가면 결국 모두 죽고 말 거라면서 간곡하게 그러나 열정적으로 소장을 설득한다.

특히 자신이 타고 있던 수송선 선장에게 간곡하게 요청하여 배에 실려 있던 무기를 모두 버리고 1만 4천 명의 피난민을 태워 기네스북에 기록이 등재되기도 했다.

국가 보훈처에서는 그 공헌을 기리고자 2016년 서울지역 호국영웅으로 현봉학 박사를 선정하고 그의 모교인 세브란스 의전이 있었던 연세재단 세브란스 빌딩 앞에 동상을 건립하였다.

많은 이들이 노래했던

"눈보라가 휘날리는 바람 찬 흥남부두." 노래가 이 내용을 담고 있는 것이다.

그날 현봉학 박사의 끈질긴 노력이 없었더라면, 10만에 가까운 이들은 소중한 목숨을 잃었을지도 모른다.

그리고 그중 1만 여명이 탄 빅토리아호에선 다섯 명의 새 생명이 태어났다. 미군은 그들에게 이름을 붙였다. '김치 1, 2, 3, 4, 5'. 우리들의 자랑스러운 이름이기도 하다.

"마지막 배를 타지 못한 사람들에 대한 미안함과 안타까운 마음에 잠을 이룰 수 없었다."

-현봉학 자서전 중-

지금 이 세상에 자신만을 생각해서 남에게 상처를 주고, 피해를 주는 사람들이 많은데, 남을 위해서 자신을 희생하는 사람들이야 말로 너무 위대한 사람들인 것이다.

생명은 누구에게든지 소중한 것이다. 예전에 비해서 삶의 풍요로움은 더 좋아졌지만, 자살률이 많이 늘어나는 경향이 많다. 소중한 생명인데, 너무 가볍게 생명을 포기하는 경우를 본다.

그런데, 어느 영상을 보면서 깜짝 놀란 사실을 하

나 알게 되었다. 자살을 많이 하는 곳에 자살을 못하도록 높게 난간을 설치했는데, 자살률이 현저히 감소했다는 것이다.

'난간하나 설치한다고 자살을 하지 않을까?' 라는 생각이 들었다. 하지만, 자살에서 실패한 사람들이 바다로 떨어지면서,

'내가 지금 무슨 짓을 한 것이지? 시간을 되돌리고 싶다.'는 생각을 주로 한다는 것이다. 소중한 생명, 잠시 잘못된 생각에 끌려서 본인의 의지와 상관없이 끌려갈 때도 있지만, 당신과 함께 하는 사람들과 마음을 이야기 하다보면 더 좋은 미래를 설계할 수도 있는 것이다.

무엇이 불행하게 만드는가?

행복하게 인생을 살기도 바쁜데, 불행하게 인생을 사는 사람들도 많다. 특히, 같이 살면서도 대화가 차단되고, 마음이 흐르지 않는다면 얼마나 불행할까?

'무언가족'이라는 텔레비전 프로가 있다. 말을 하지 않고, 서로 대화하지 않고, 서로를 원망하면서 지내는 내용이다. 아주 오랜 기간 동안 서로 말을 하지 않고 지내다가 해결 되는 모습이 방송되었는데, 단순히 미안하다는 말 한마디로 인해서, 모든 것이 해결 되는 모습을 본다.

마음이라는 것이 혼자 있을 때는 속에서 별별 생각들이 다 찾아온다. 마치 물놀이를 하는데 물속에 소용돌이가 쳐서 발이 빠졌는데, 나오고 싶어도 점점 빠져 들어가듯이 말이다. 혼자서는 아무리 발버둥을 쳐도 빠져나오지 못하는 상황이 있다. 누군가가 밧줄을 던져 주고 구해주어야만 나올 수 있는 것이다. 서로 이야기를 하고 대화를 나누다 보면 나에게 없던 새로운 마음이 들어오고, 내 속에 있었던 어둠이 물러나는 현상을 자주 보게 된다.

마치 어두운 방안에 아무리 노력을 해도 빛을 만들 수는 없지만, 형광등 스위치를 누르면 한 순간에 어둠은 물러나는 것이다.

주위를 둘러보면 너무나 많은 사람들이 있다. 나만 생각하기 때문에 주위에 사람들이 점점 줄어 드는 경우도 있지만, 나보다는 남을 생각하고, 위해준 다면 남들도 여러분 곁에 많이 오게 될 것이다. 그리고, 여러분 속에 있는 마음의 대화를 시작한다면 예전보다는 훨씬 행복하고 멋진 인생을 살 수 있는 것이다.

내가 맞지만 고집하면 불행한 인생을 산다

예전에 실제 있었던 사건이라고 한다. 회사원 K씨는 회사에서 회식을 마친 후 술에 취해서 차를 회사에 그대로 두고 택시를 탔다. 택시를 타면서 "OO아파트로 갑시다."라고 한 후에 택시비 만원을 냈다고 한다.

내릴 때는 취기가 더 심해지니까 그는 습관적으로 탈 때에 택시비를 지불한 것이다.

잠시 후에 택시 기사가 잠을 깨워 내리는데, 기사가 택시비를 또 달라고 했다.

"택시비요? 냈잖아요."

"술 취했어도 택시비는 내야 하는 것입니다."

"타면서 냈는데요."

"참 나 ! 많이 취하셨나 보네요. 택시비 안 냈습니다."

티격태격 싸우다 결국에는 파출소까지 갔습니다. 그런데 파출소 순경들이 택시기사의 이야기를 듣지 술 취한 사람의 이야기를 듣지 않는 것이다.

"내가 택시비 분명히 냈단 말입니다."

"술이 아직 덜 깨셨나 봅니다.

K씨는 분해서 파출소장의 멱살을 쥐고 책상을 주먹으로 쳤다.

결국에는 택시비 만원을 지불하고, 그날 밤에 파출소에 구금되어서 아침에 풀려났다.

생각할수록 분하고 억울해서 분이 치밀어 오르는 것을 참지 못하여서 신나를 사서 파출소에 갔다.

"소장 나와서 사과하라 ! 안 그러면 신나 붓고 불

지르겠다!"

순경들이 킥킥 웃으면서, "저 놈 아직 술이 덜 캤구먼!" 하면서 신경도 쓰지 않았다.

K씨는 눈이 뒤집혀서 신나를 자신의 몸에 붓기 시작했다.

"빨리 사과하라! 나는 택시비를 냈단 말이다. 안 그러면 불을 붙인다."

순경들은 "별 바보 같은 놈이네." 하면서 상관도 하지 않았다.

그러자 K씨는 라이터에 불을 붙였고, 삽시간에 그의 몸은 불덩이가 되어 타기 시작했다.

지나가던 사람들이 달려들어 옷으로 끄다가 소화기를 찾아 불을 끄기 시작했다. 불은 껐지만 전신에 화상을 입어서 병원으로 입원했다.

분신을 시도한 경우는 의료보험이 되지 않고 상태가 너무 심해 고통스러운 하루를 보내야 했다. 이 사실이 언론을 통해 알려지자 많은 분들이 환자를 찾아가서 위로하기 시작했다.

K씨는 집에서 죽어가면서도 "나는 택시비 냈 단 말이야!" 라는 소리만 반복하는 것이다.

 많은 분들이 "당신이 옳아요!"하고 위로하곤 했다고 한다. 결국에는 사랑하는 가족에게 수많은 병원비와 고통을 안겨주고 세상을 떠나야 했던 것이다.
사람들은 옳은데 불행한 인생을 사는 경우가 많다.

행복한 인생을 살아가는 간단한 열쇠

 내가 틀린 게 없고 옳은데, 불행한 인생을 사는 경우가 많다. 상대방의 마음을 조금만 생각할 수 있으면 더 행복한 인생을 사는 것이다. 나만 생각하고, 내 감정 내 기분에만 충실하기 때문에 남에게 상처를 주면서도 모르는 사람들이 많은 것이다.

 성경말씀에 솔로몬의 재판에 대한 이야기가 나온다. 두 창기가 잠을 자고 있는데, 한 창기의 아기가 죽은 것이다. 그러면 어미로서 슬퍼해야 하는 것이 정상인데, 다른 창기의 아기 하고 바꾸는 내용이 나온다. 다른 창기는 잠에서 깨 보니 자신의 아기가 죽어 있는 것이다. 슬퍼하다가 자세히 보니까, 자신의 아기가 아닌 것이었다. 다른 창기가 자신의 아기를 안고 있는 것이 아닌가? 서로 싸우다가 해답이 없어서 솔로몬 왕에게 가서 재판을 청한다.

 서로 자신의 아기라고 이야기해서, 솔로몬 왕은 칼을 가지고 와서 반으로 자르라고 한다. 즉각 가짜 엄마는 '내 것도 되지 말고 저 여자의 것도 되지 않게 반으로 자르세요.' 라고 이야기 하지만 진짜 엄마는 자식이 죽는 것을 차마 볼 수 없어서, '내 아이가 아닙니다. 다만 살려만 주십시오.'라고 이야기 하는 것이다. 거짓말을 했다고 왕에게 처형될 수도 있고, 아기를 뺏길 수도 있는 상황이지만, 진짜 엄마는 오직 아기를 살리려는 마음밖에 없는 것이다.

 많은 분들이 옳은 데 불행해 지는 경우를 본다. 참된 행복은 내 옳음 까지도 버릴 수 있어야 찾아오는 것이다.

 인생은 절대 혼자 행복 할 수 없다. 사람들과 대화하고, 더불어 살면서 행복을 느끼는 것이다. 내 마음만 생각하기 보다는 다른 사람의 마음도 생각하고 보듬어 줄 수 있는 마음의 세계가 만들어 진다면 더 행복하고 멋진 인생을 살 수 있는 것이다.

 많은 나무들 중에 가시나무는 절대 왕이 되면 안 된다. 움직이면 움직일수록 다른 사람을 찌르고 상처를 주기 때문이다. 아름드리 잎이 무성한 나무는 열매를 선물해 주고, 쉴만한 장소를 선물해 주고, 새들도 사람들도 찾아오는 멋진 곳이 되는 것이다. 이 책을 통해서 다른 사람들이 쉴 수 있는 멋진 쉼터 같은 사람이 되길 바라는 마음에 글을 쓰게 되었다. 여러분의 멋진 인성도 만들어 지고, 나 자신도 남도 행복해 지는 멋진 인생을 살게 되길 바란다.

옆에 보물이 있네!

초판 1쇄 발행 2020년 1월 23일

지은이　최인철
펴낸곳　열린미래출판사
출판등록 2019년 9월 24일 제2019-000106호
주소　　경기도 성남시 중원구 금상로 92번길
전화　　031-732-8197
이메일　unodos123@naver.com

ⓒ 열린미래 2019 본 책은 저작자의
지적 재산으로서 무단 전재와 복제를 금합니다.

값 16,800원
ISBN 979-11-969250-7-9 03190

잘못 만들어진 책은 구입한 곳에서 교환해드립니다.